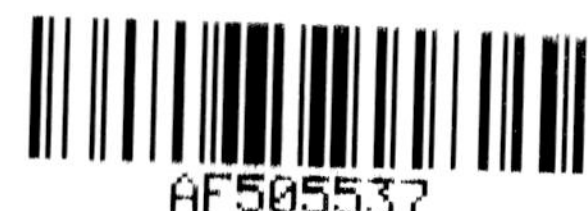

DIESES LABYRINTHE RATSELBUCH GEHÖRT

· · · · · · · · · · · · · · · · ·

· · · · · · · · · · · · · · · · ·

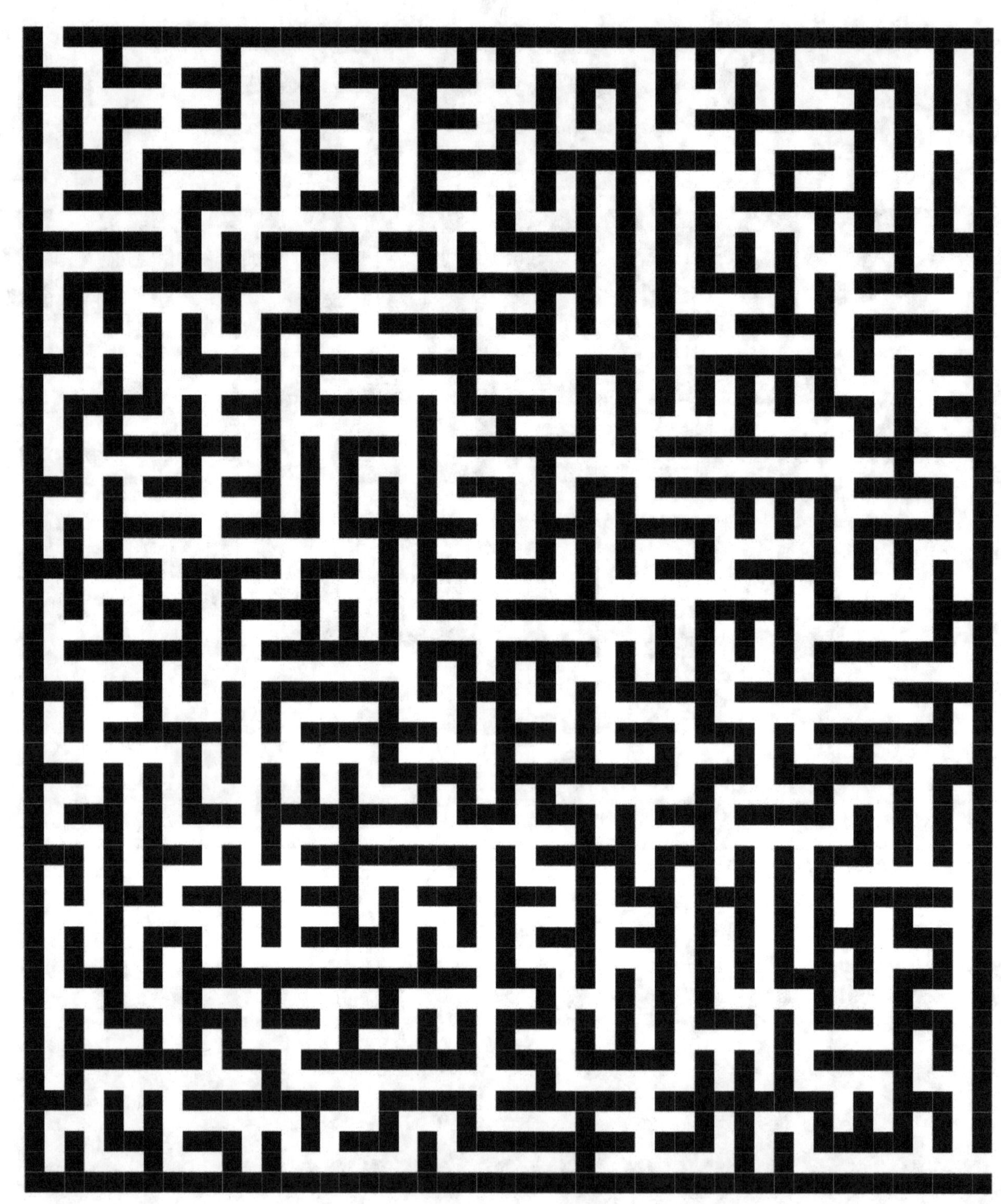

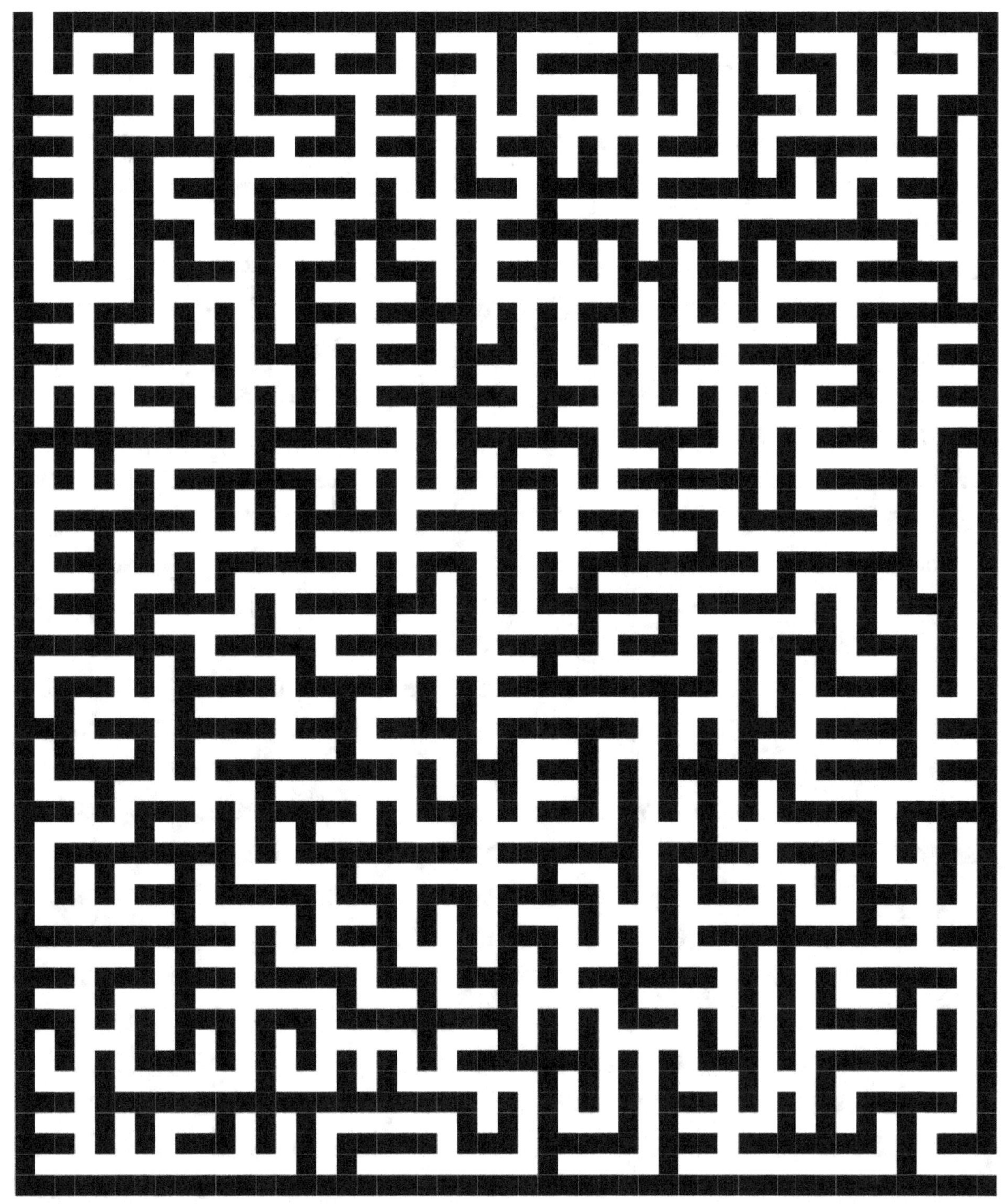

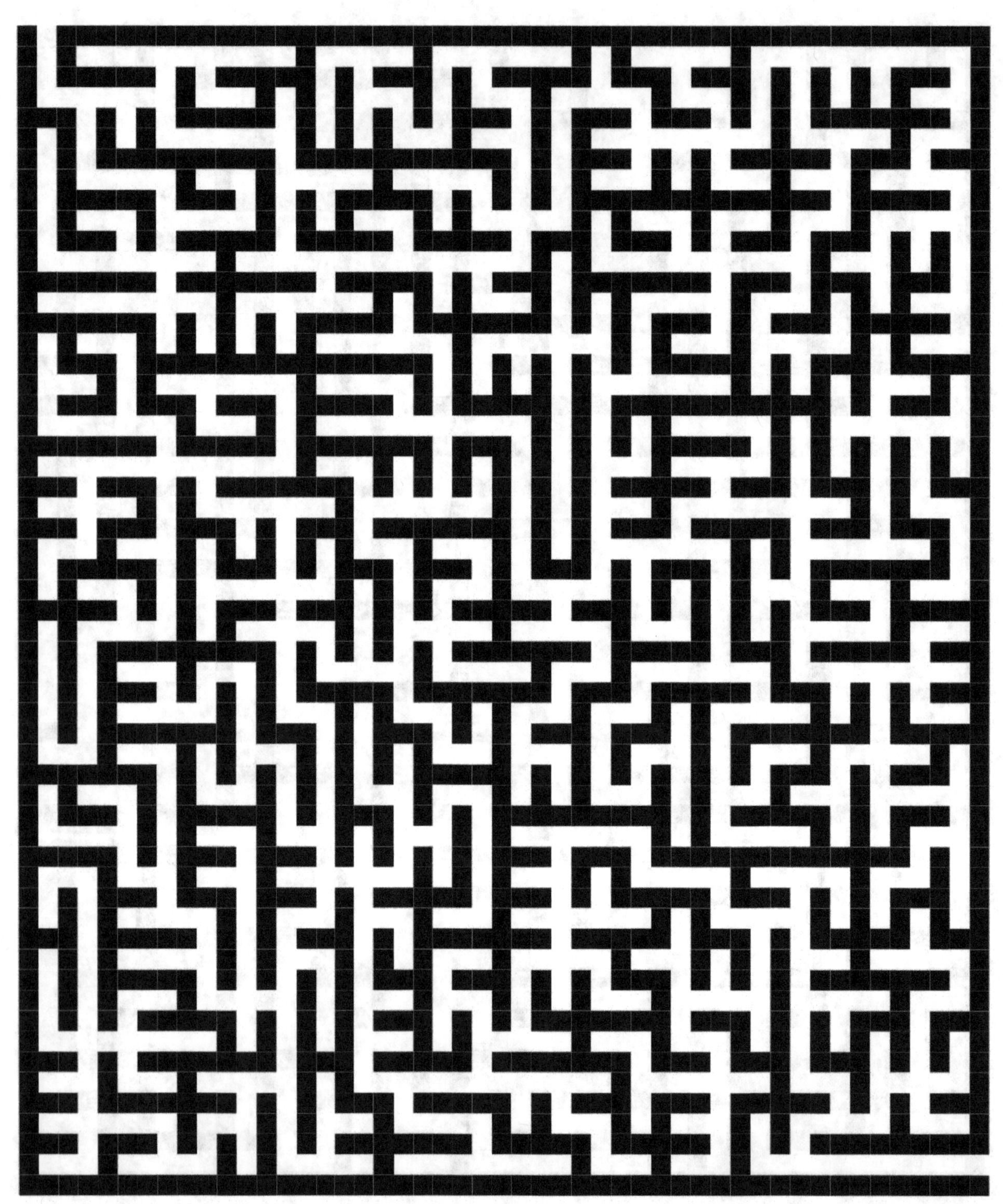

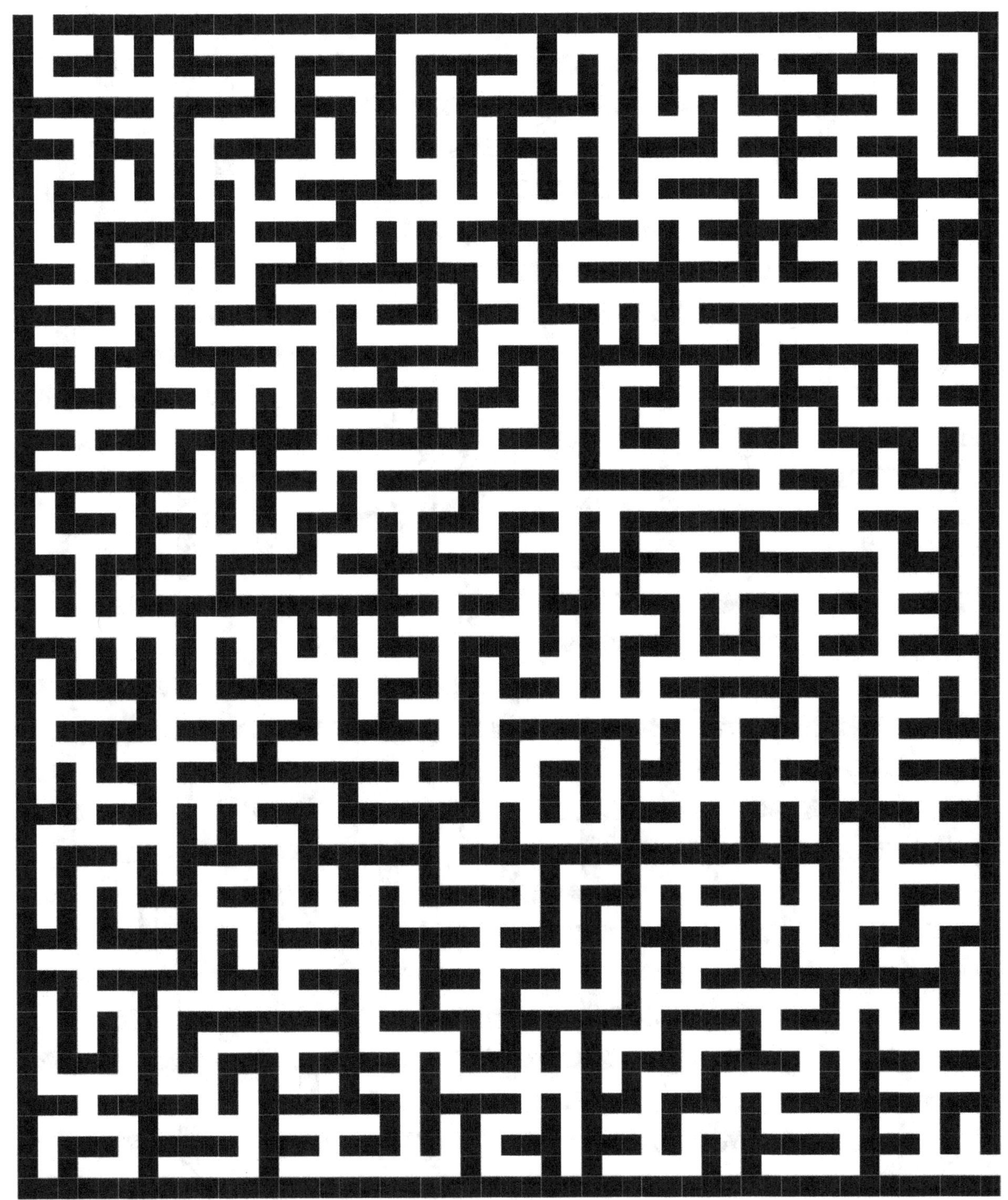

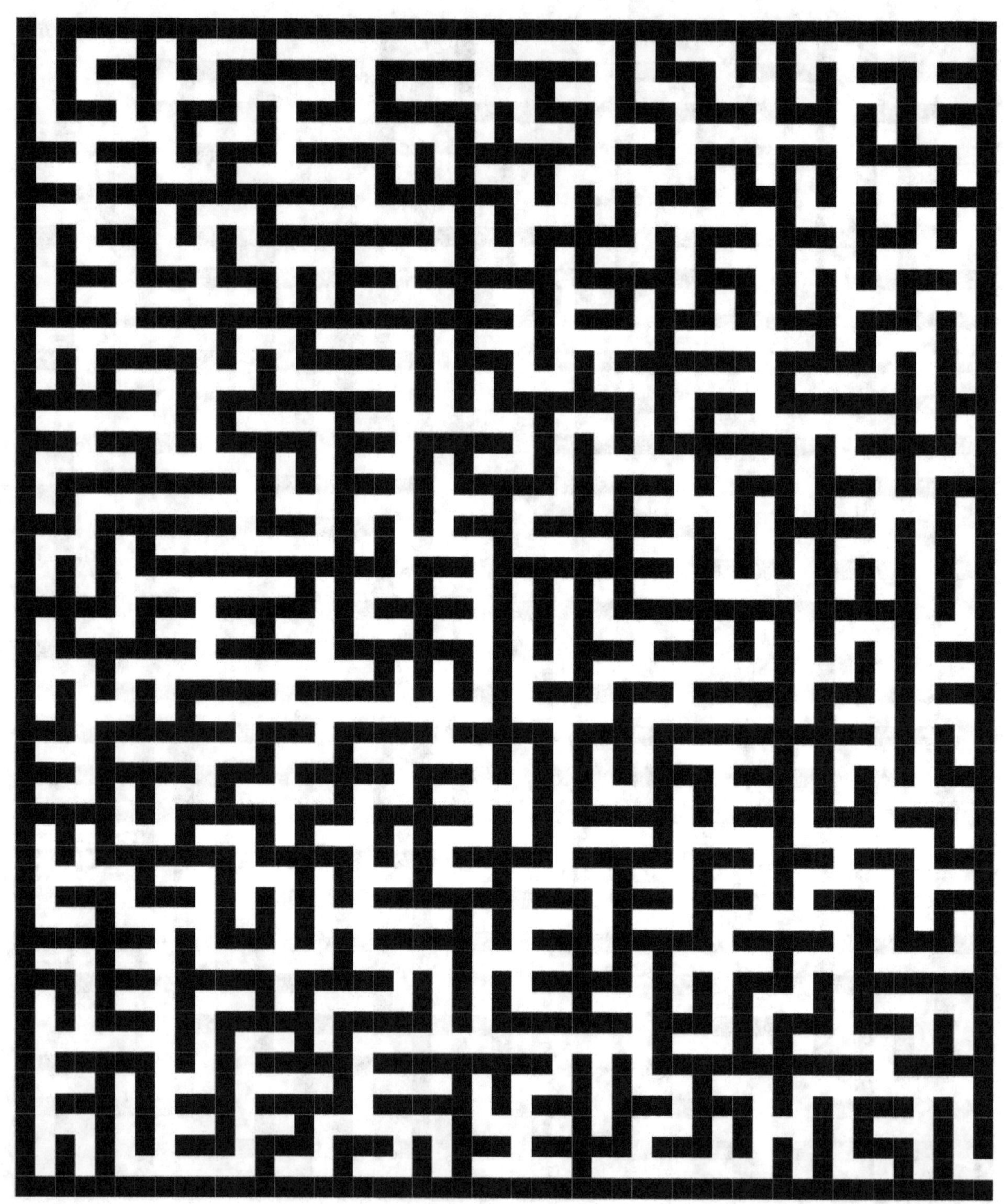

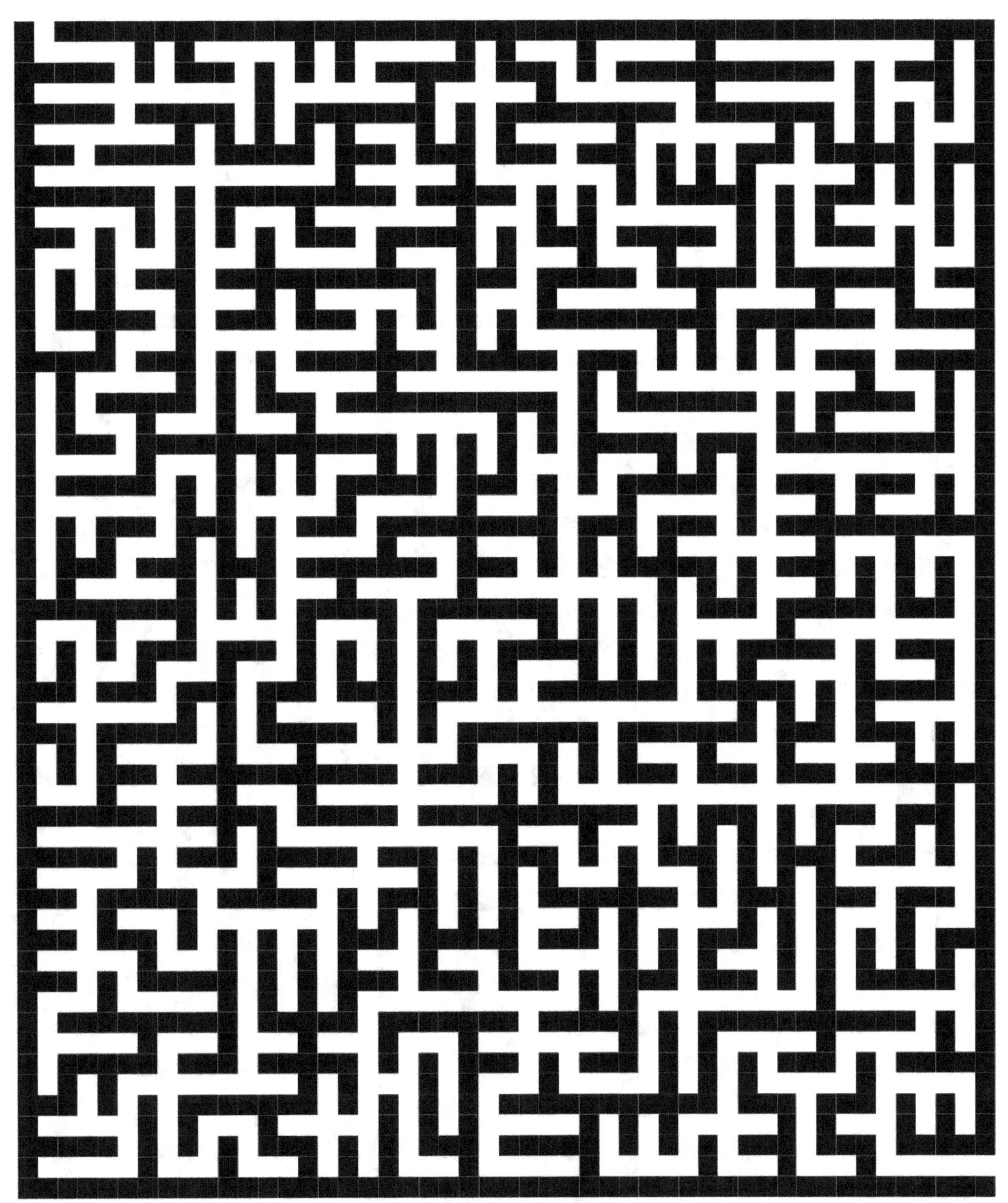

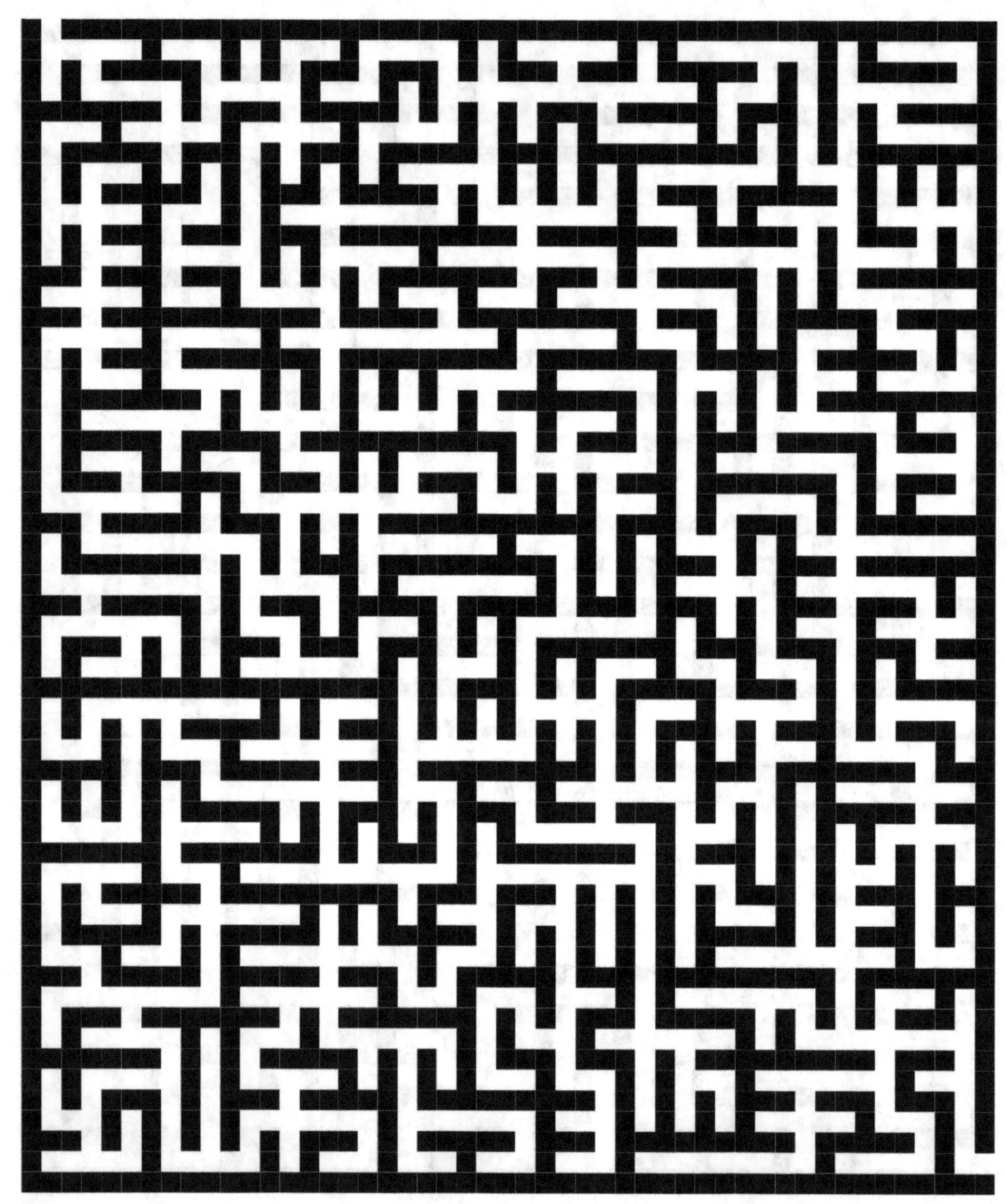

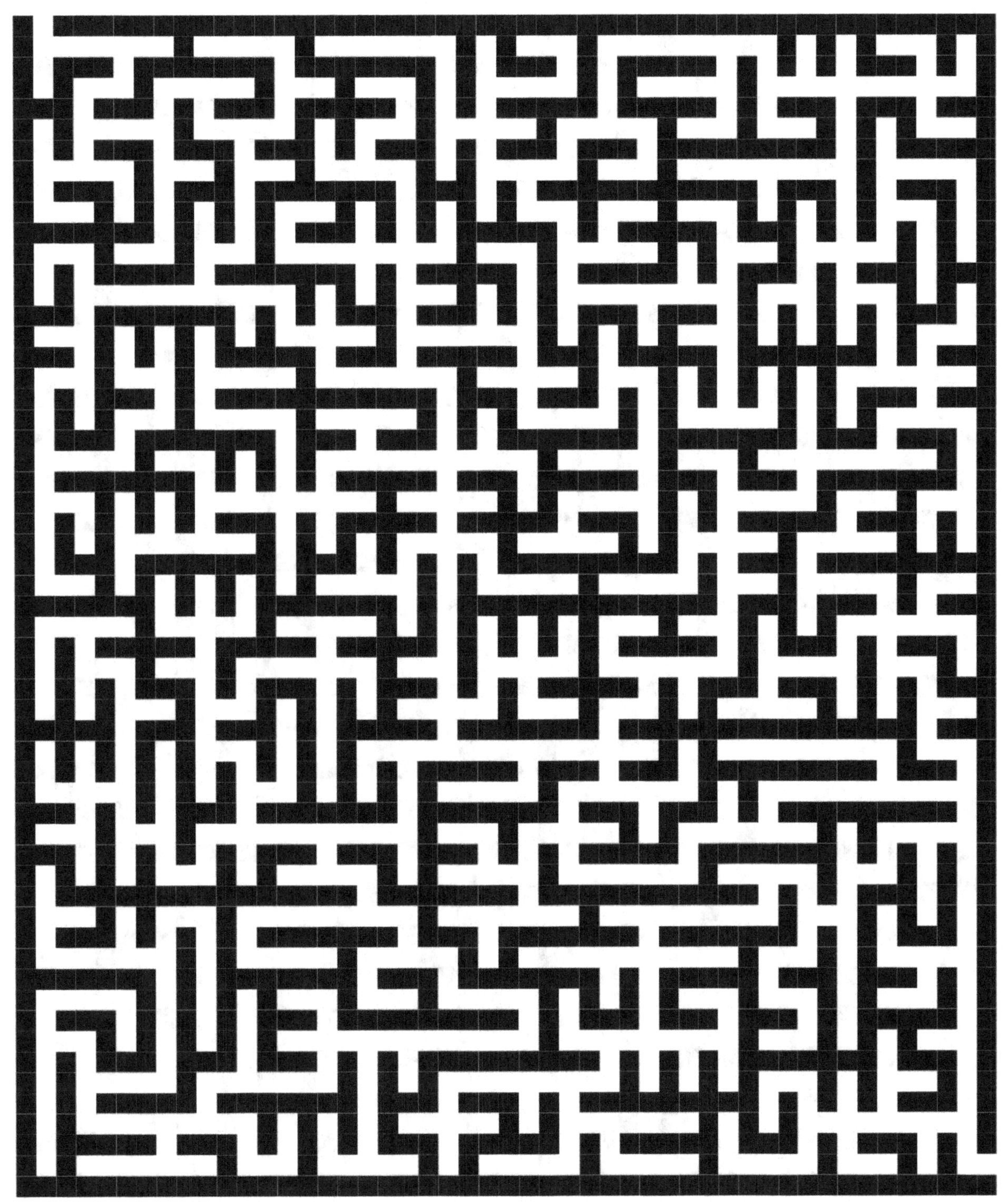

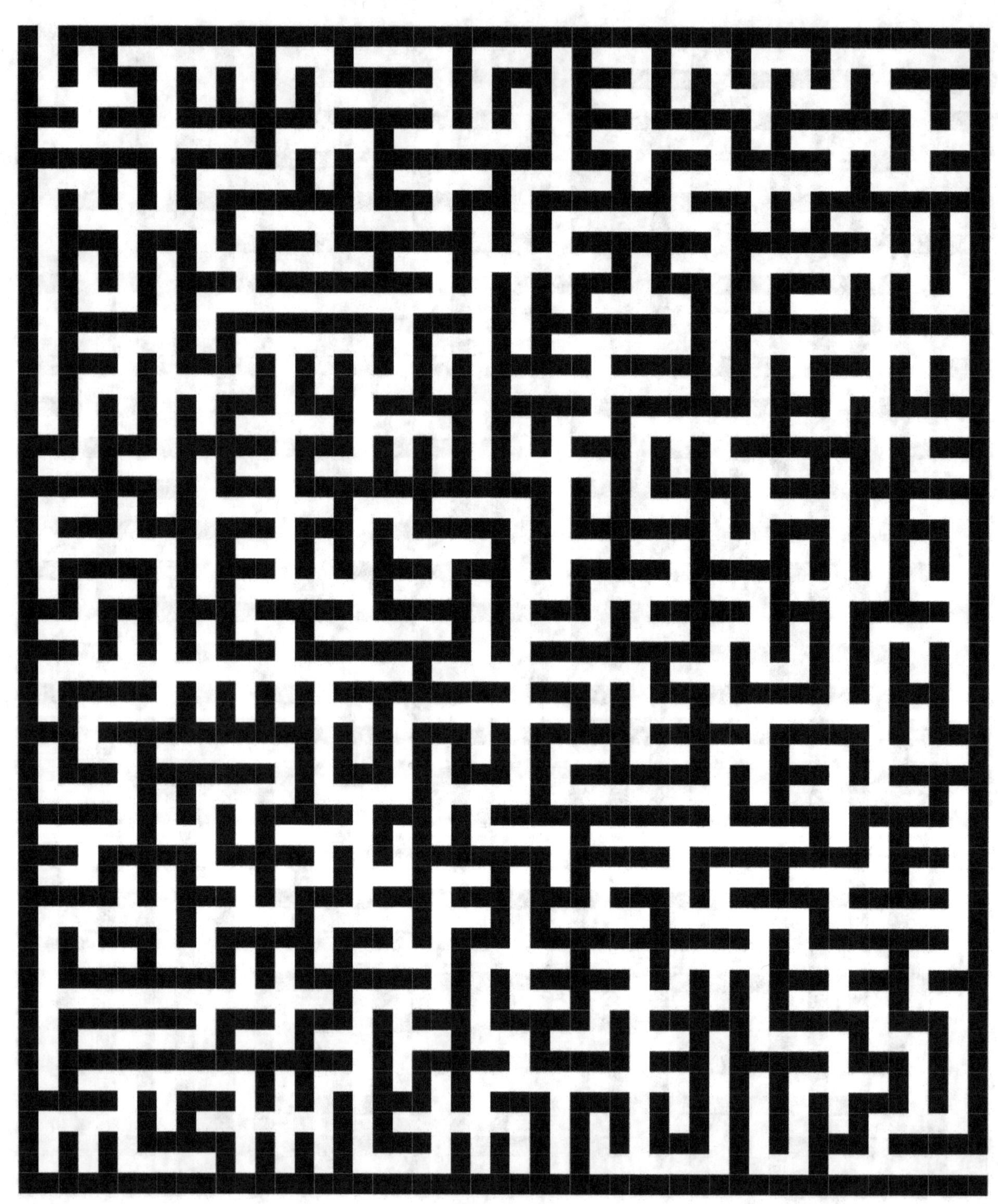

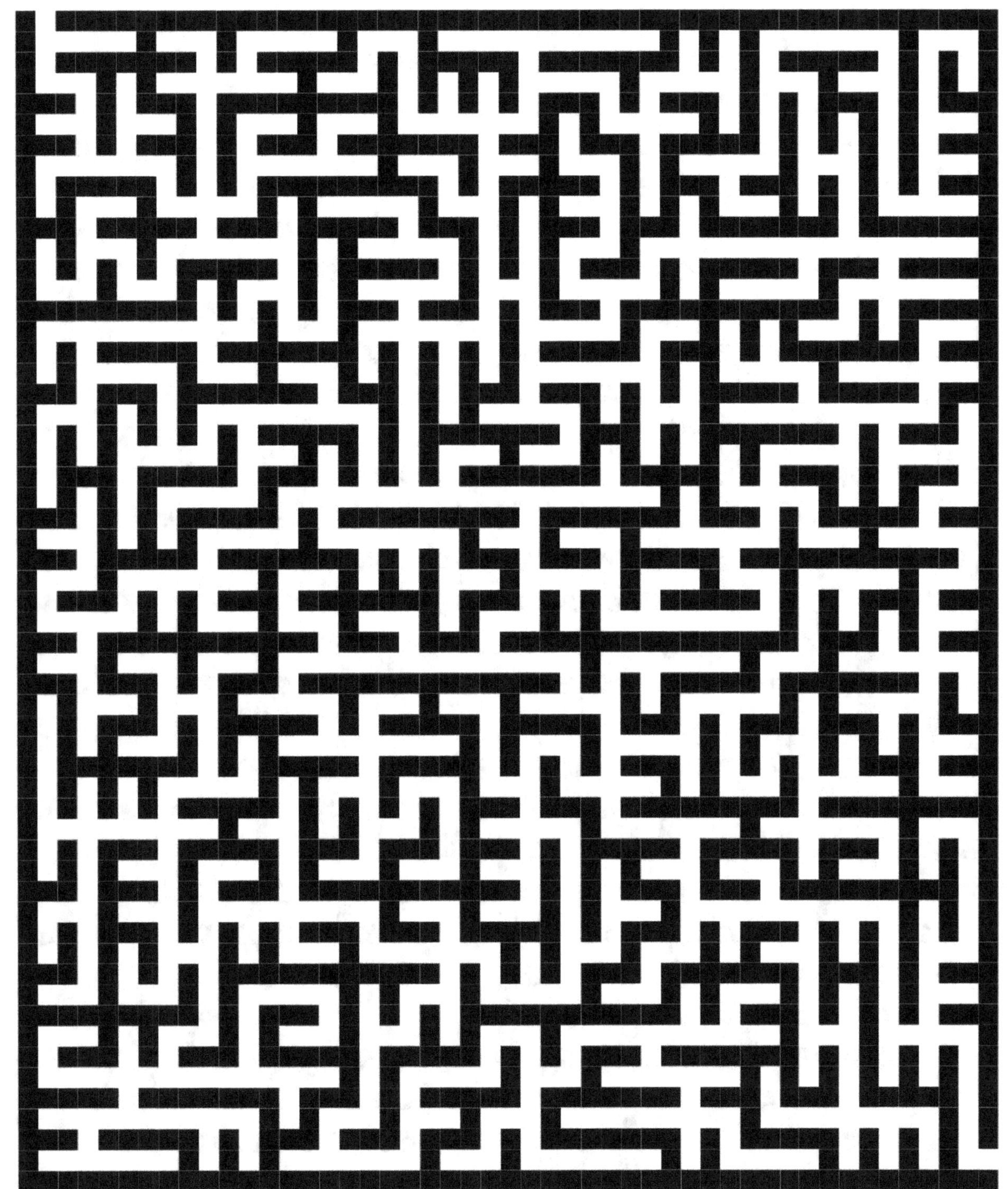

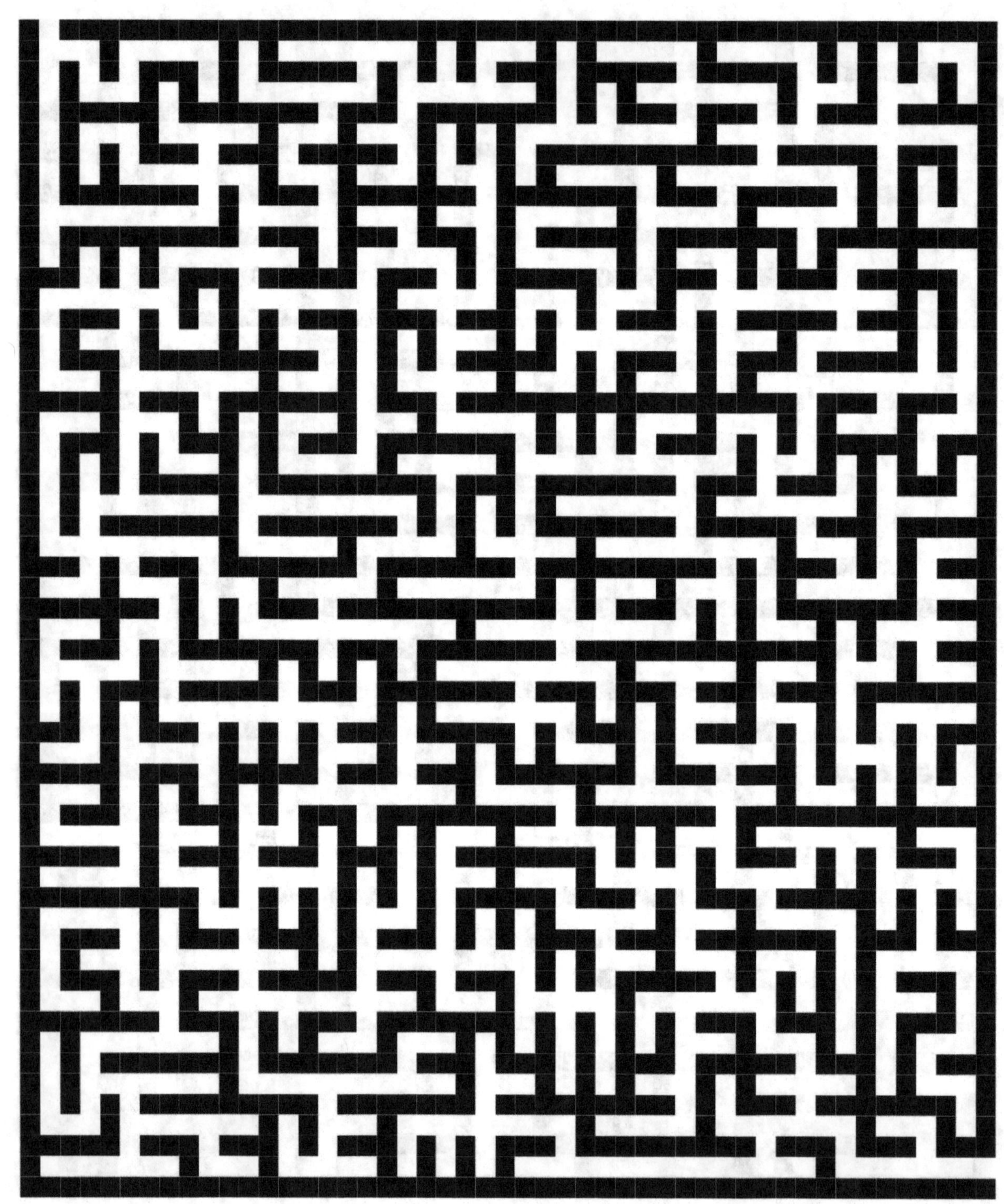

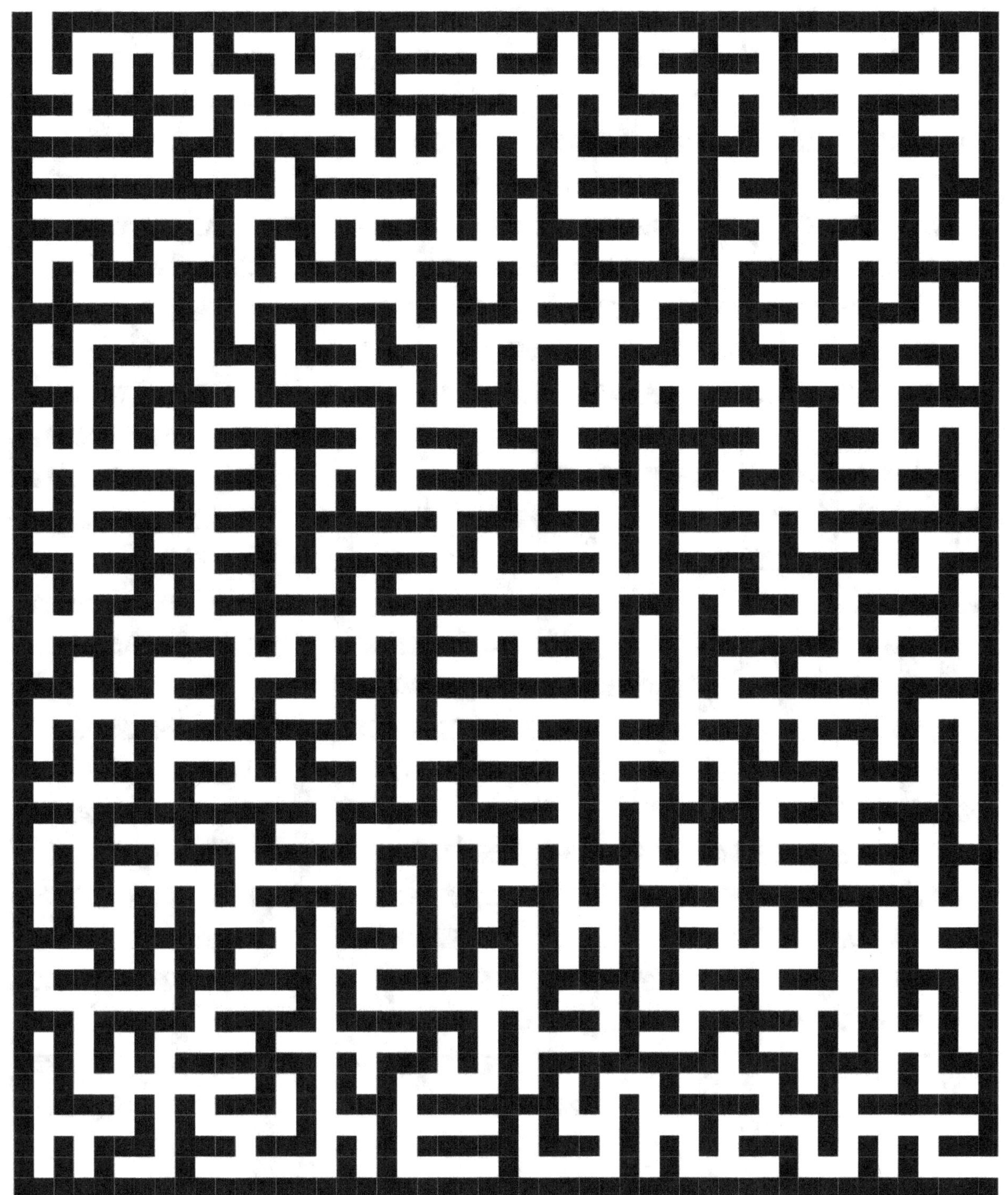

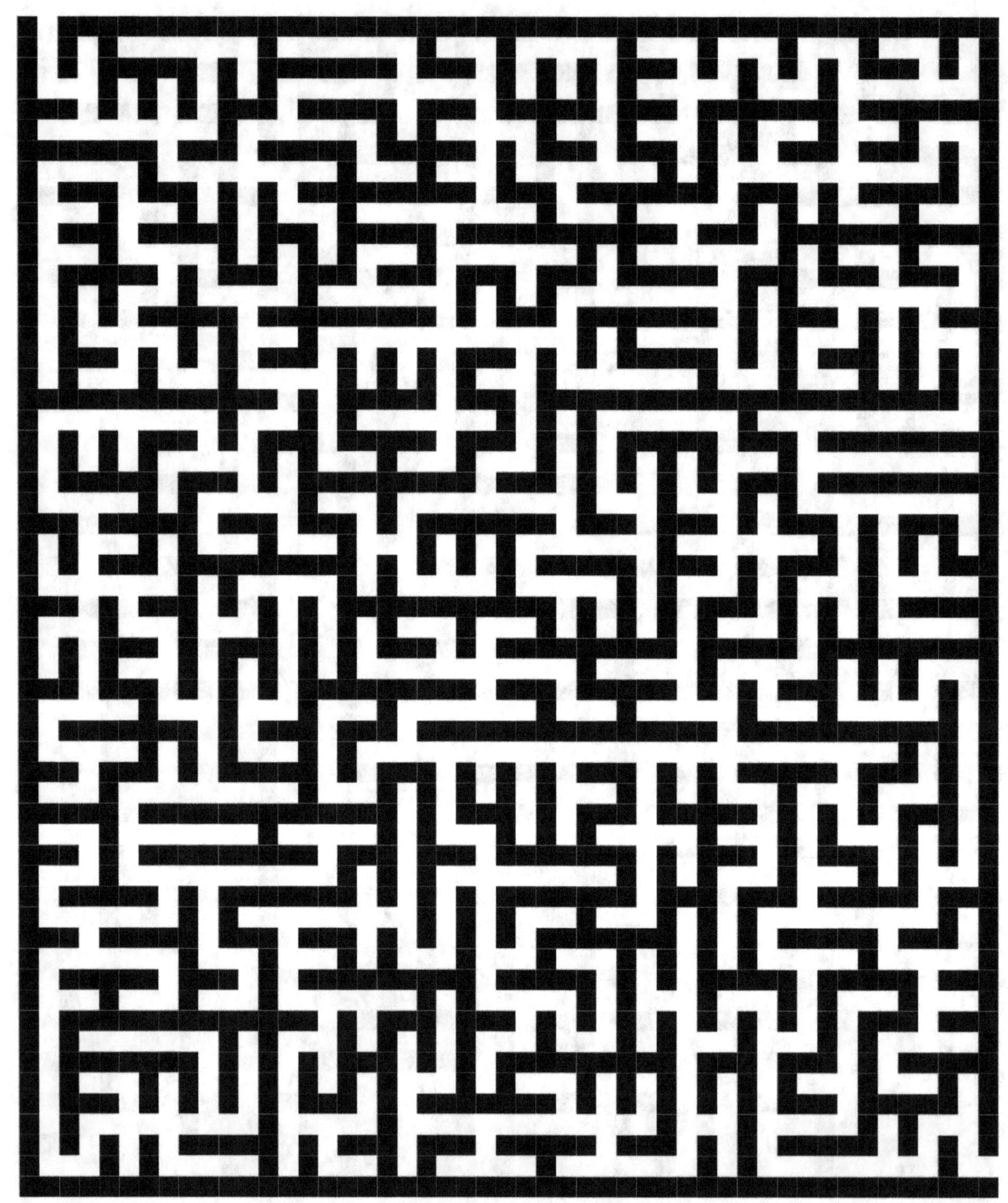

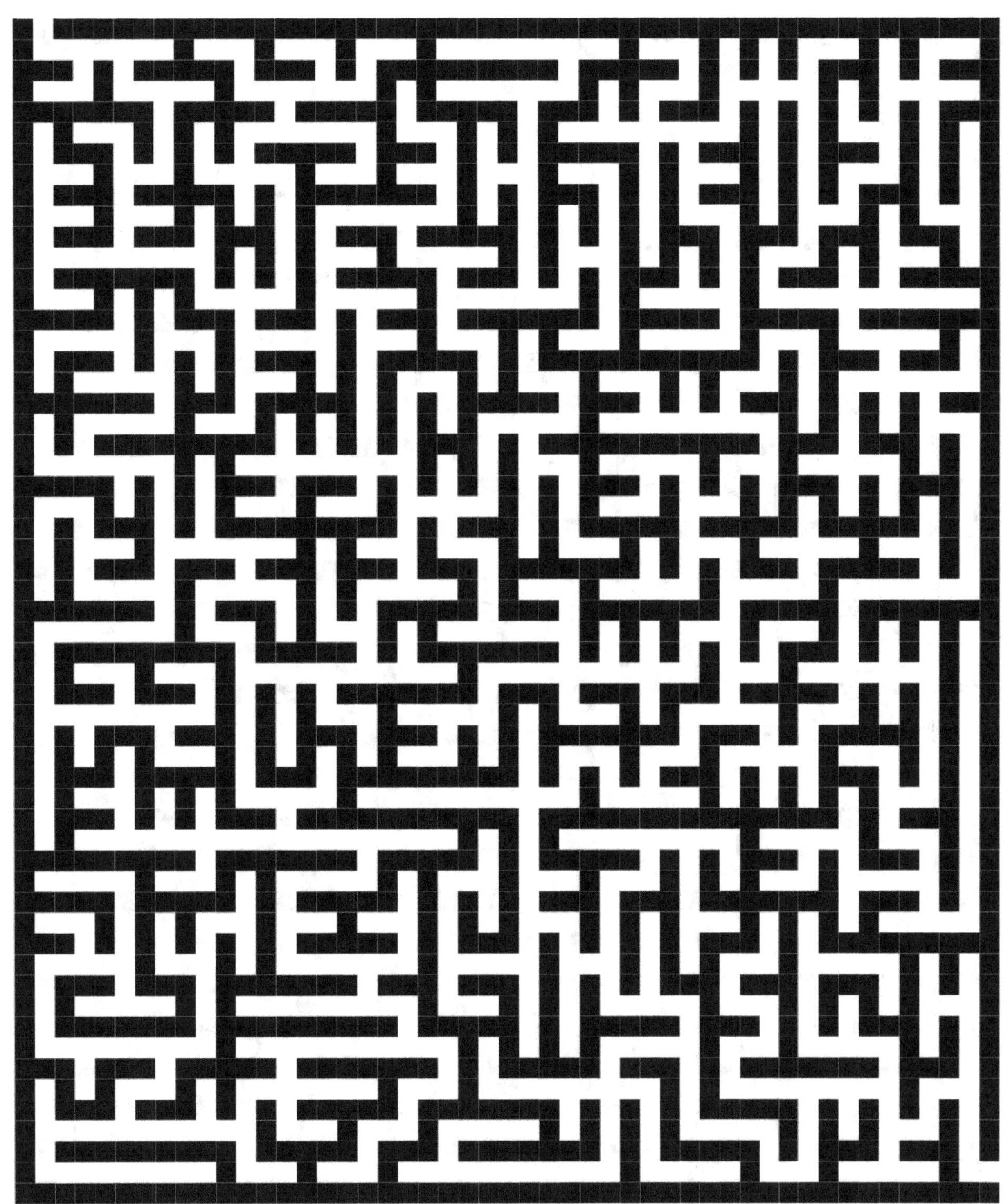

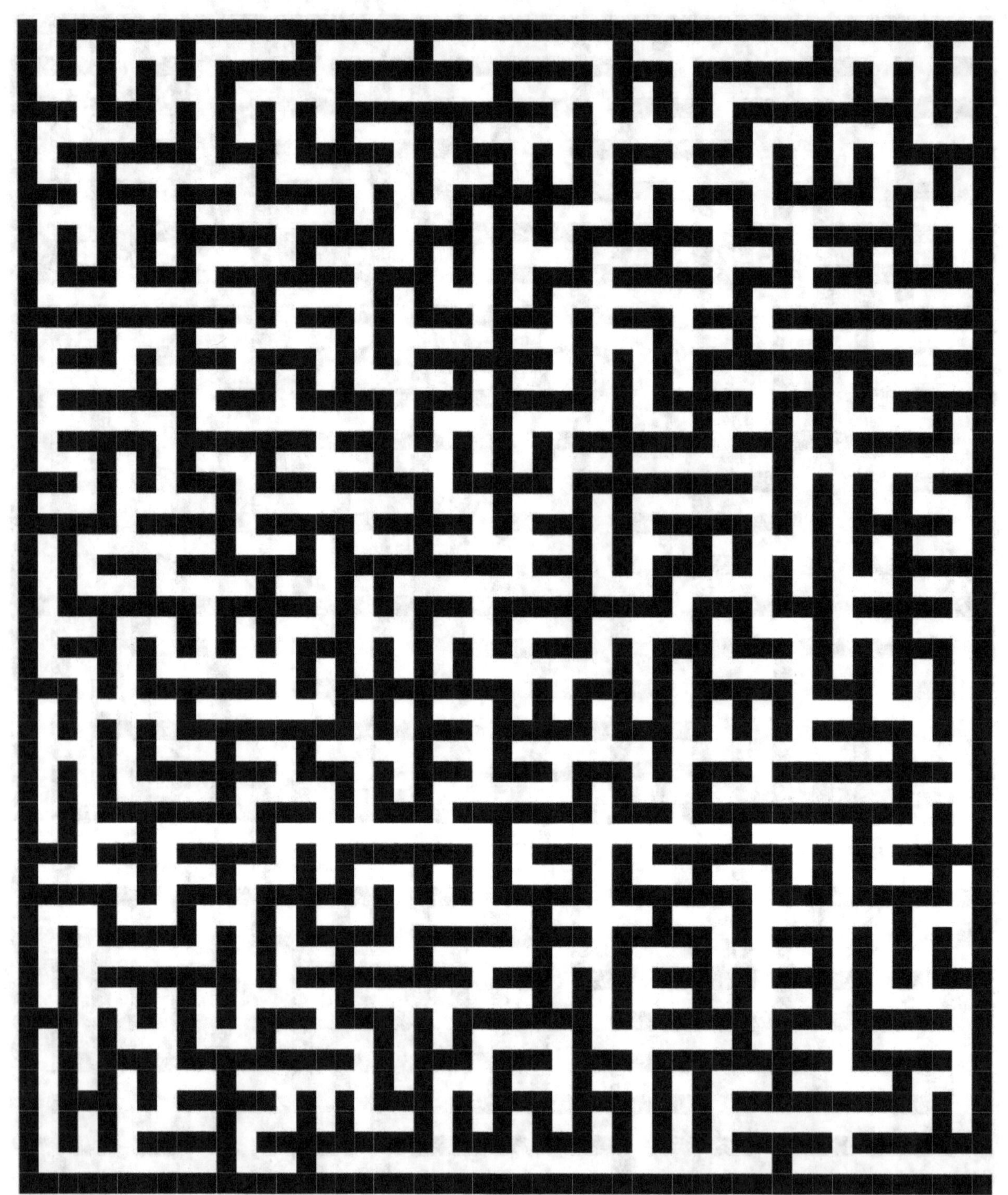

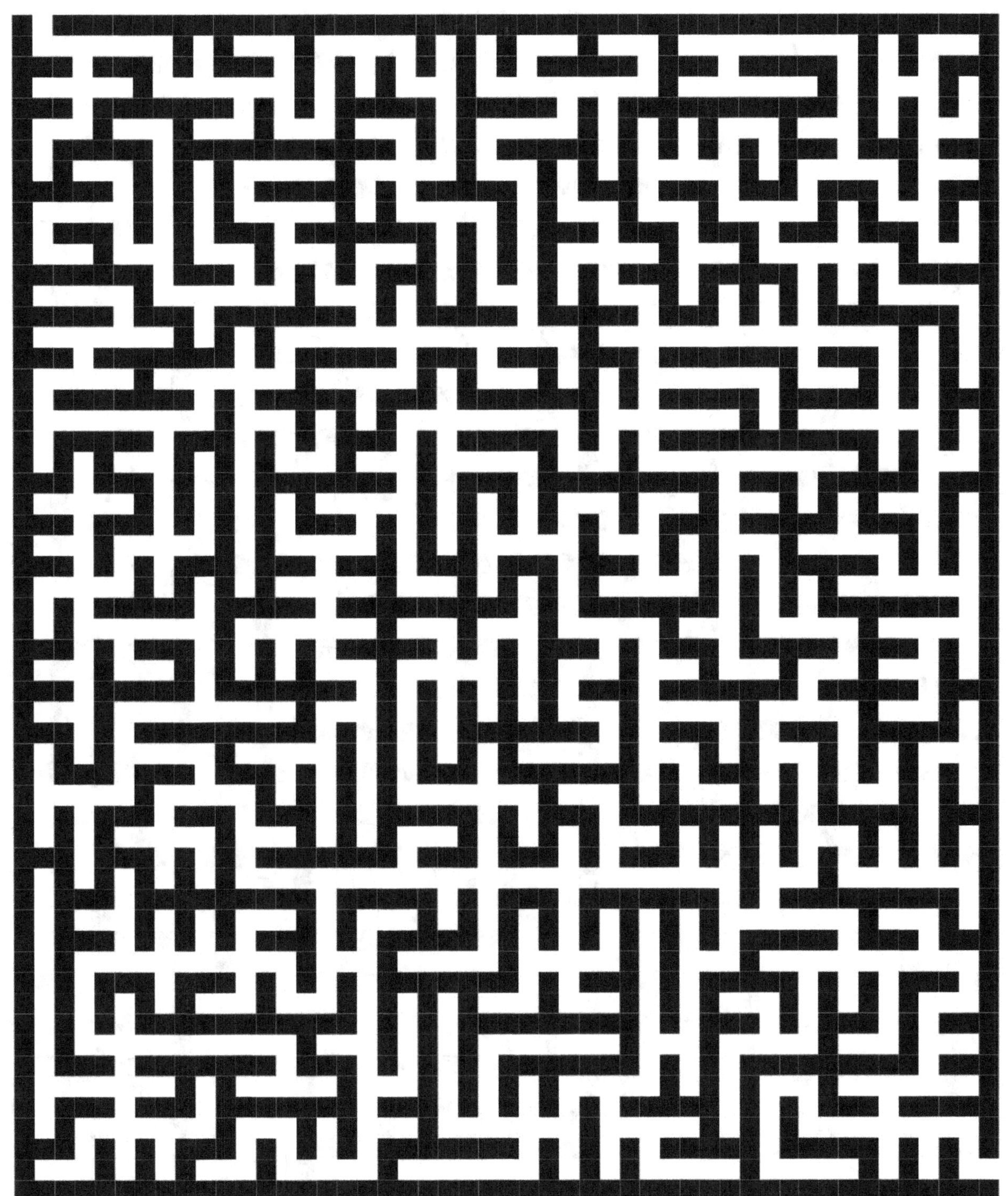

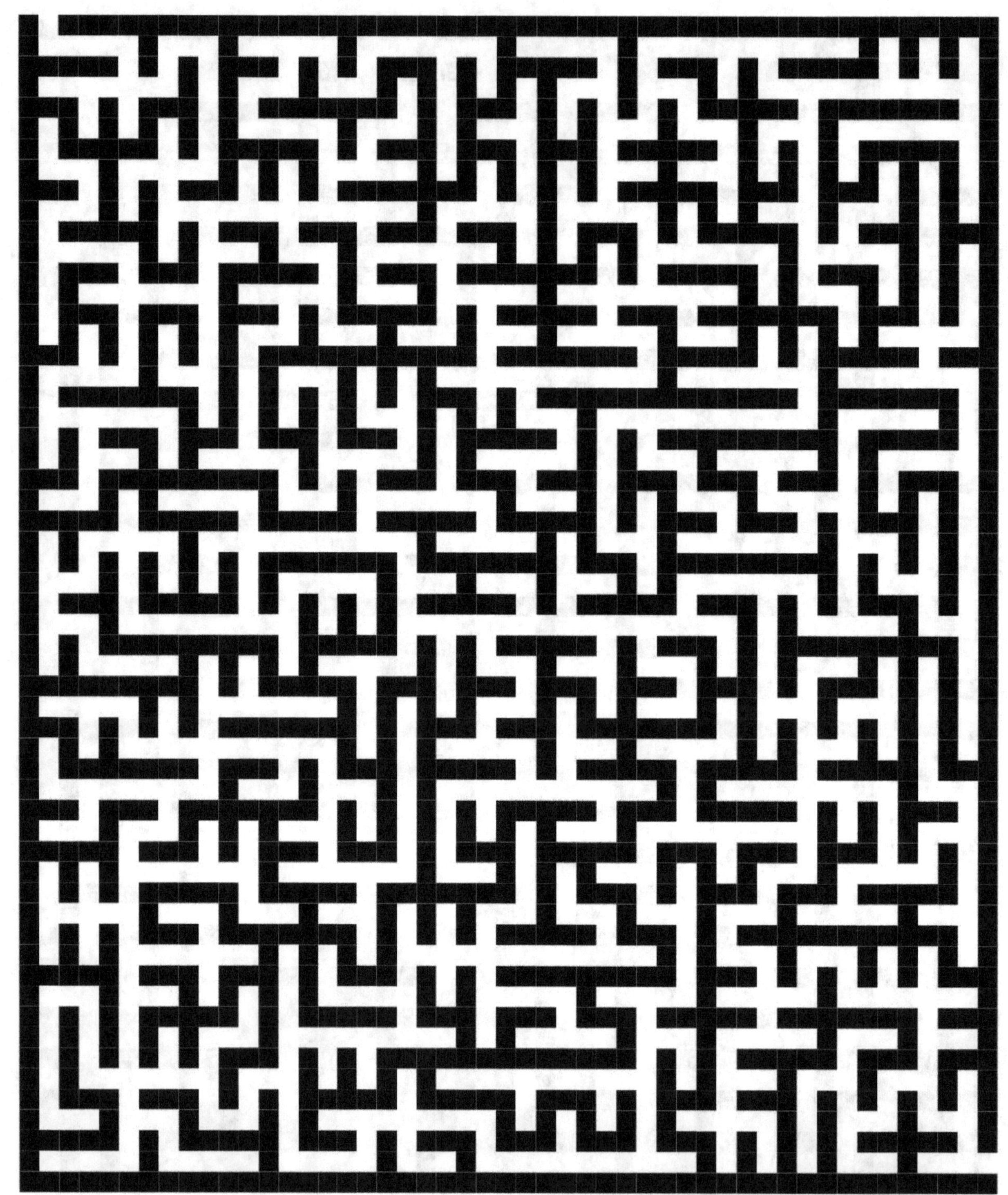

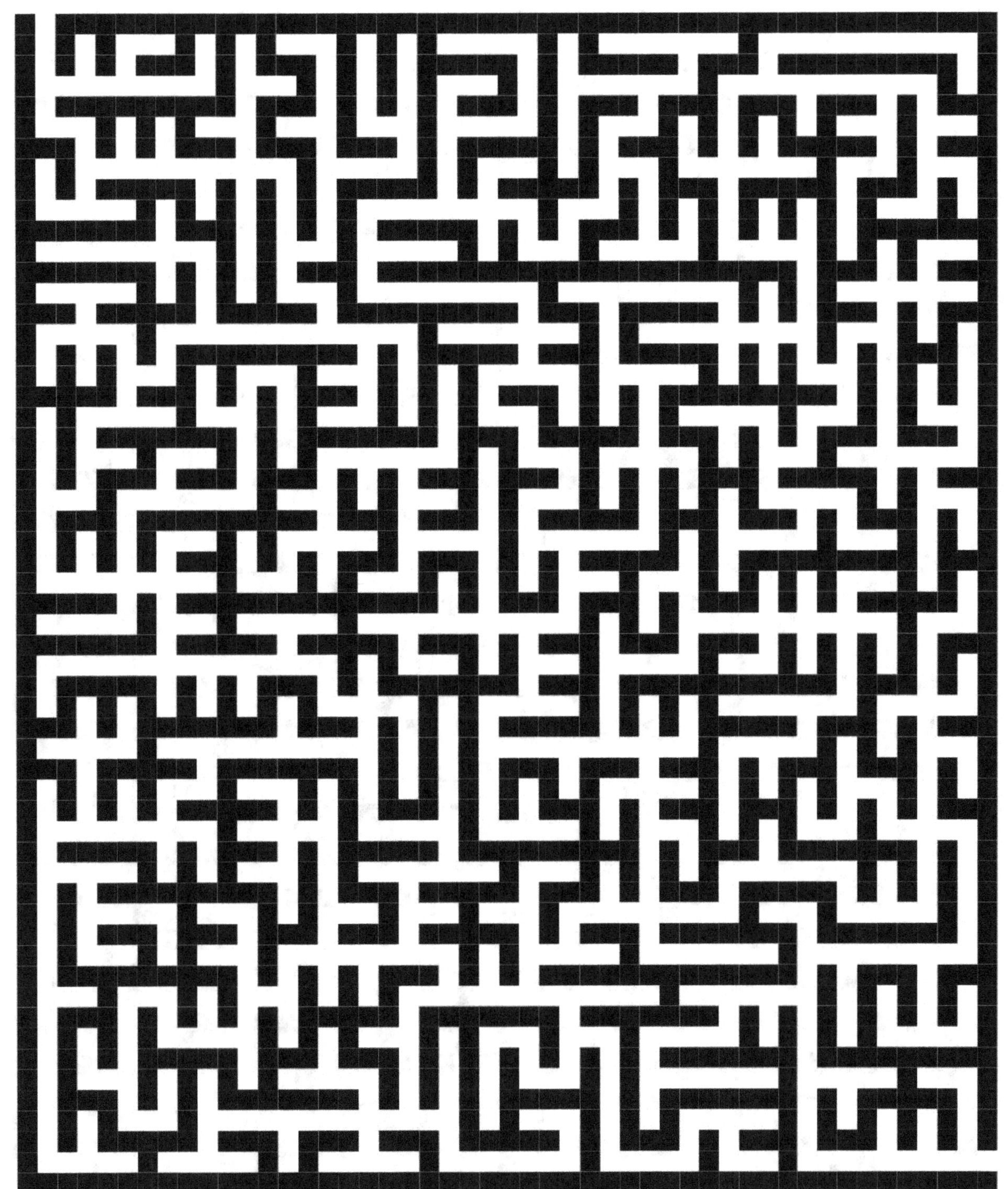

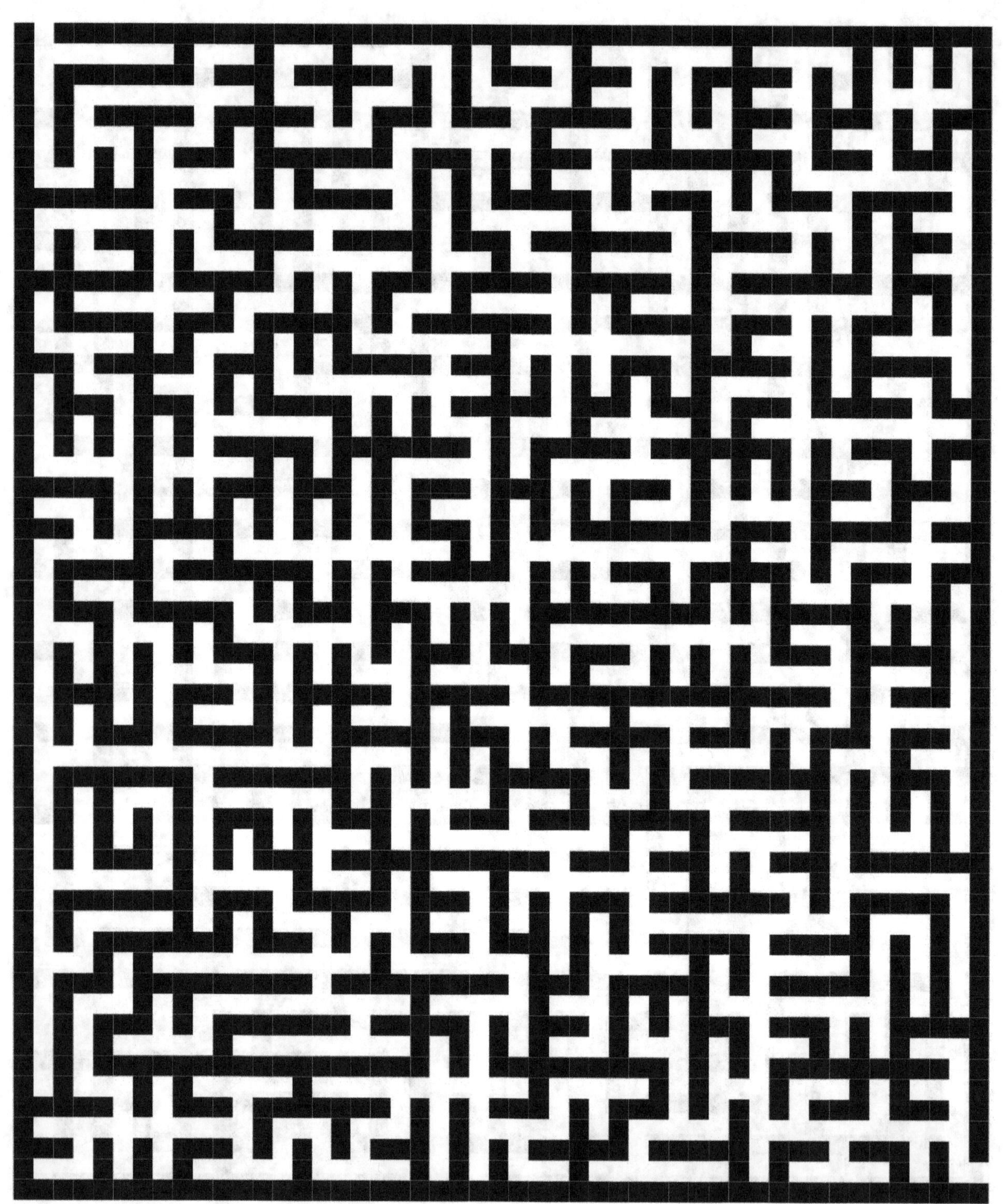

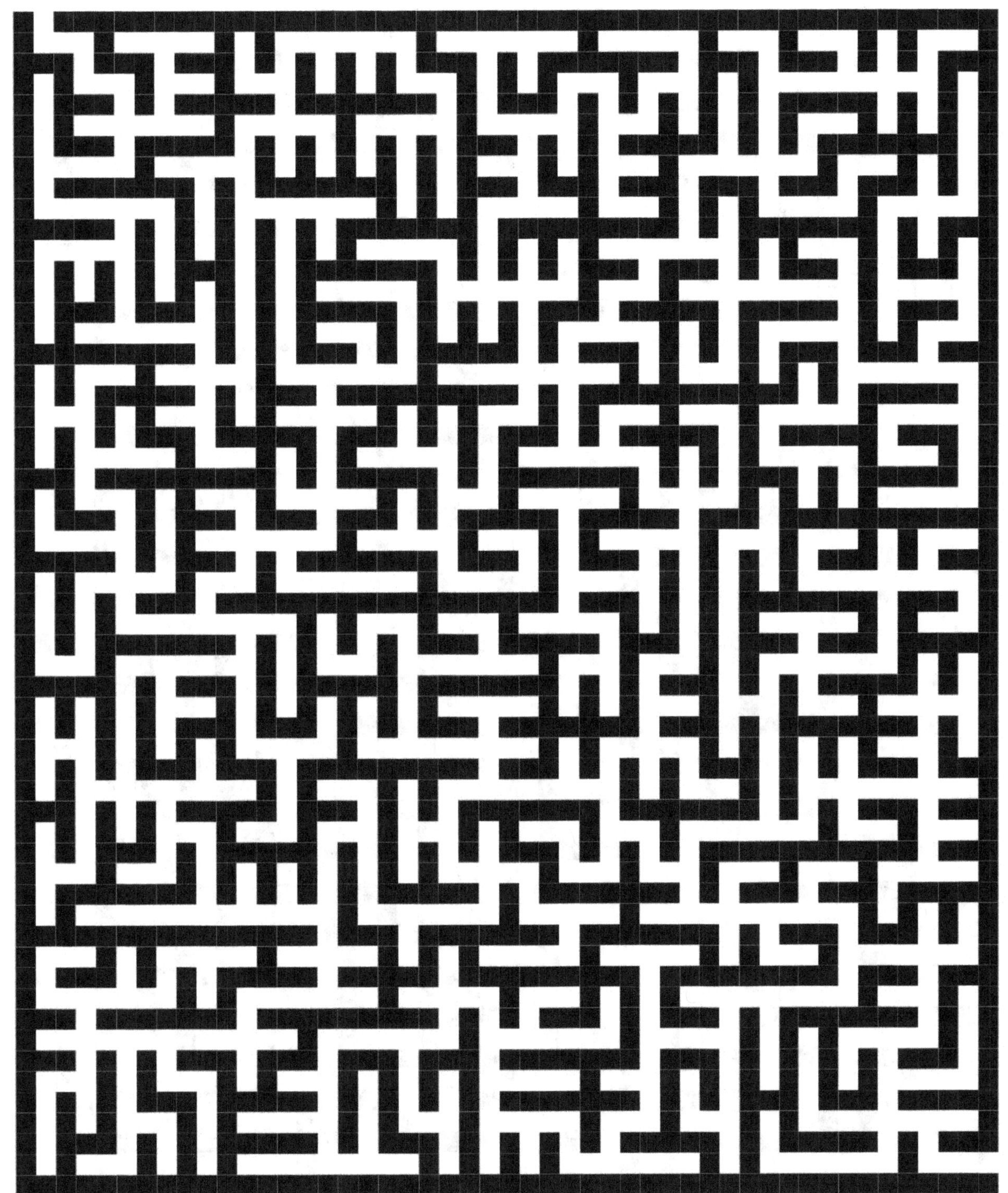

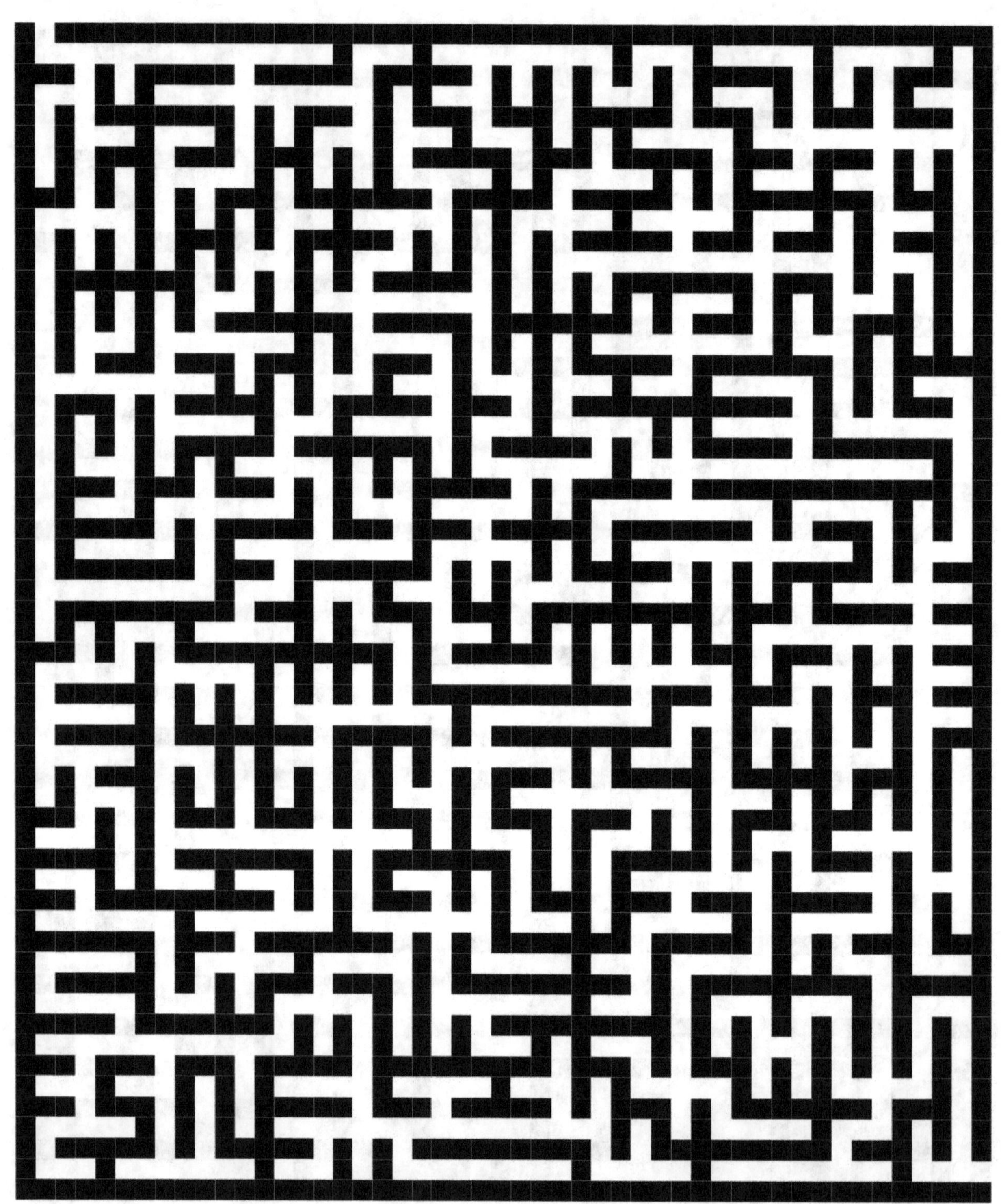

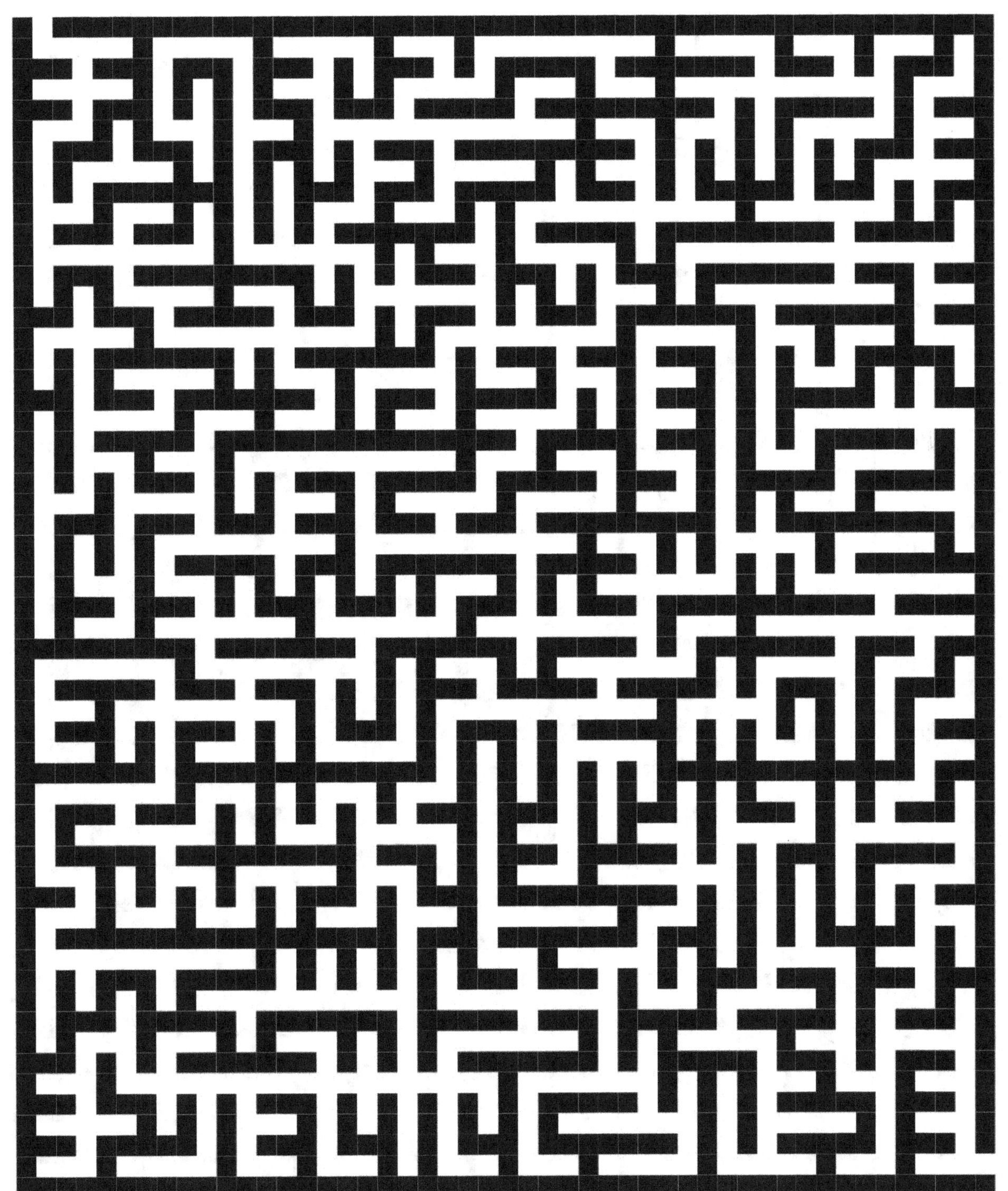

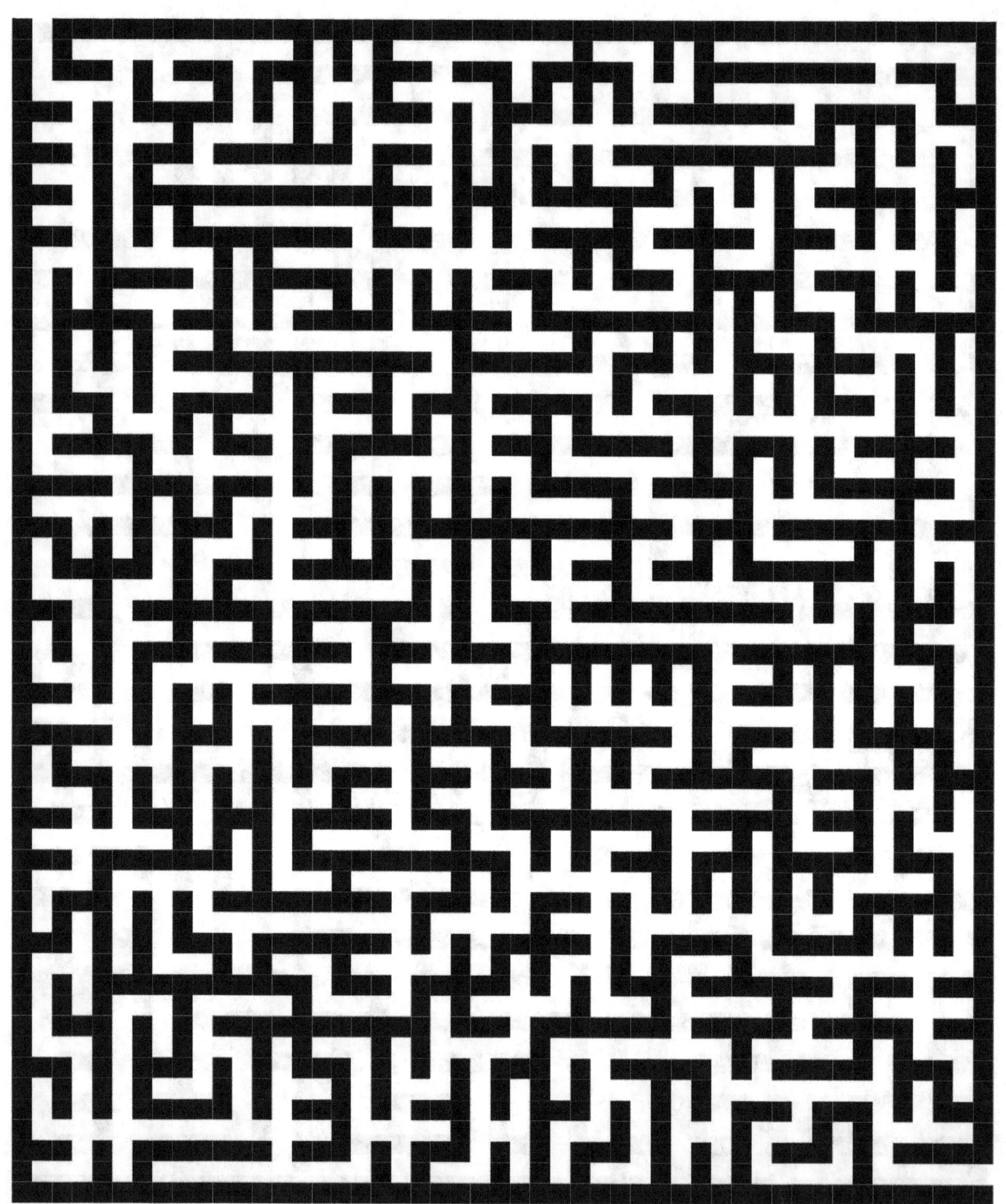

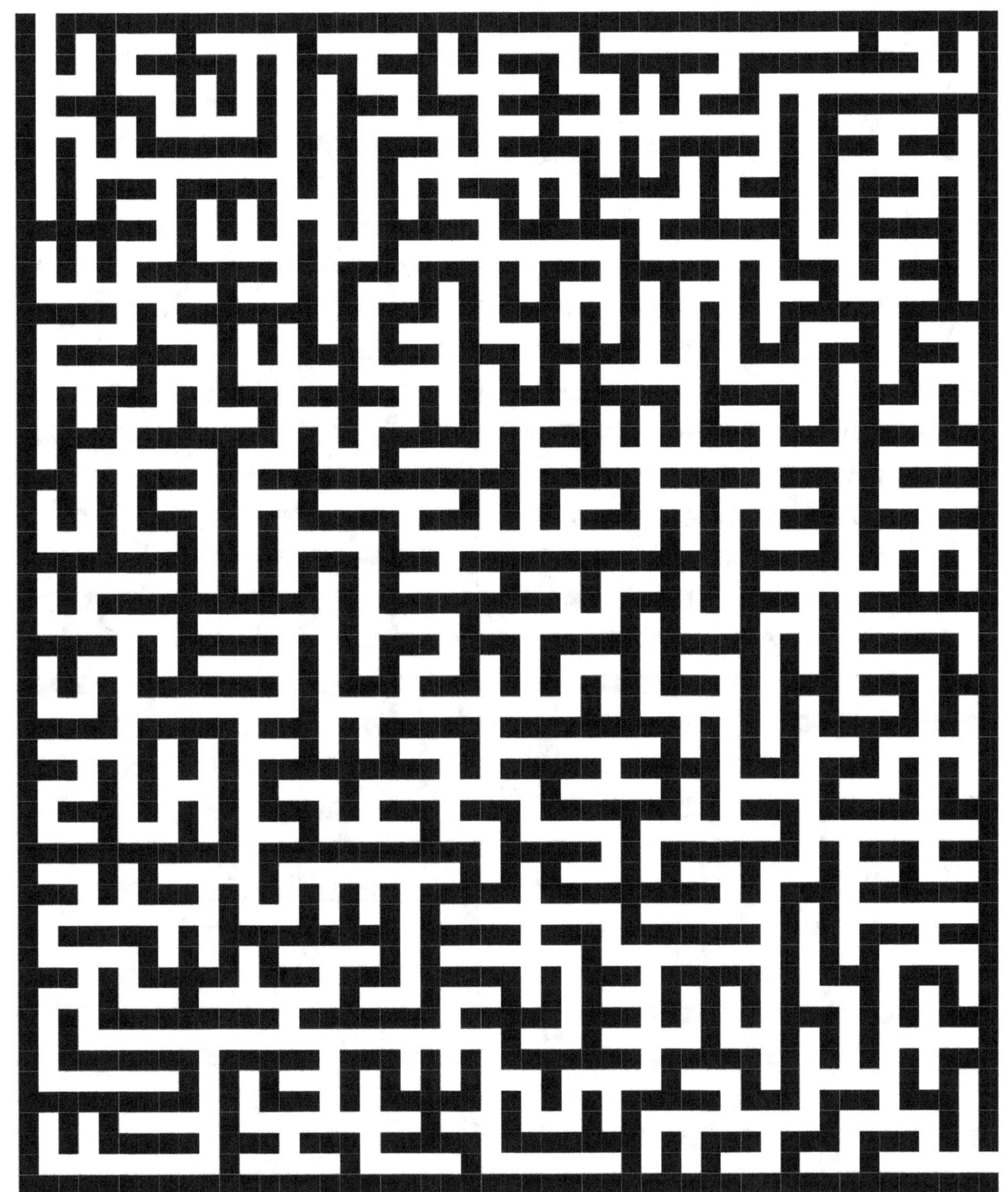

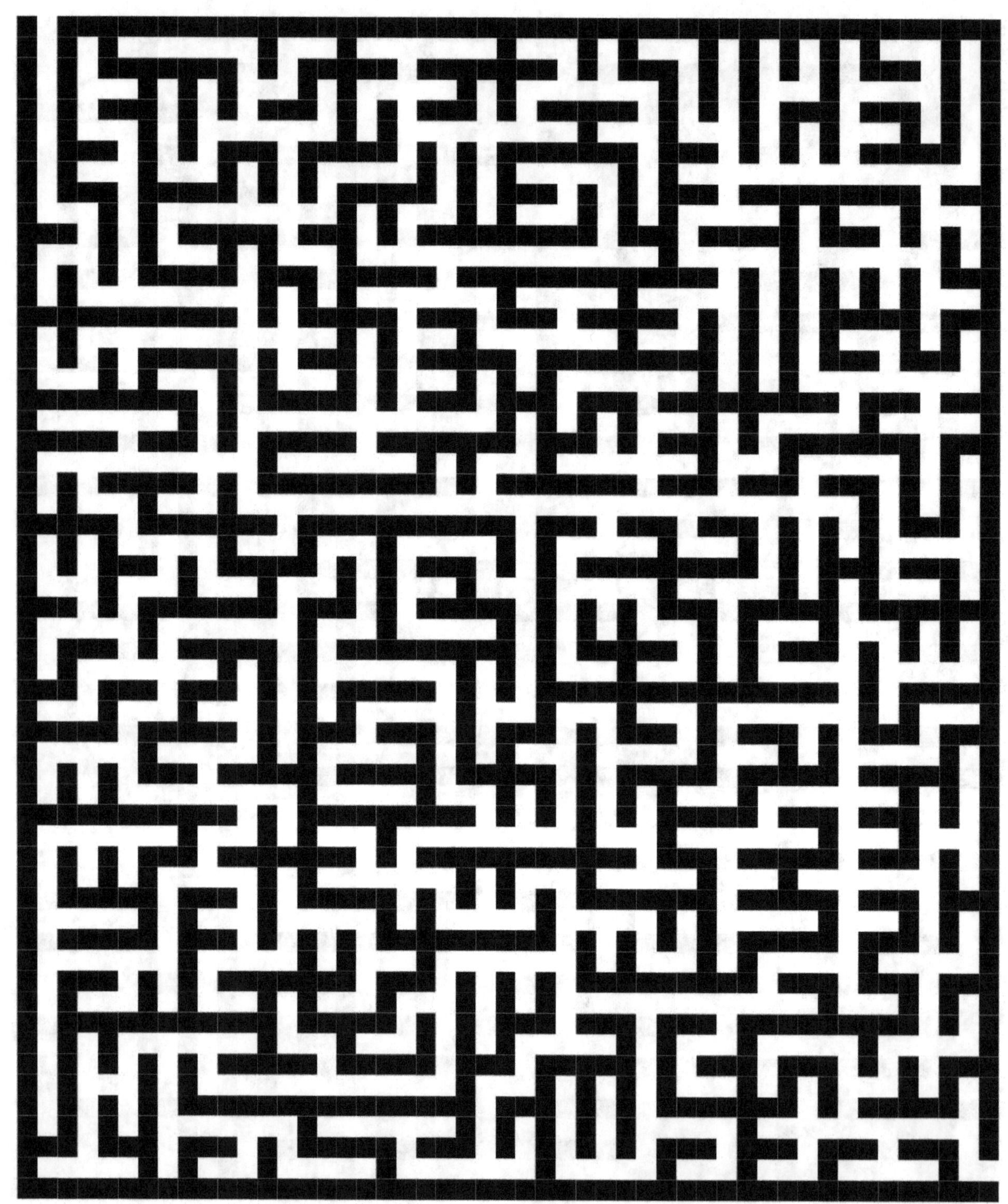

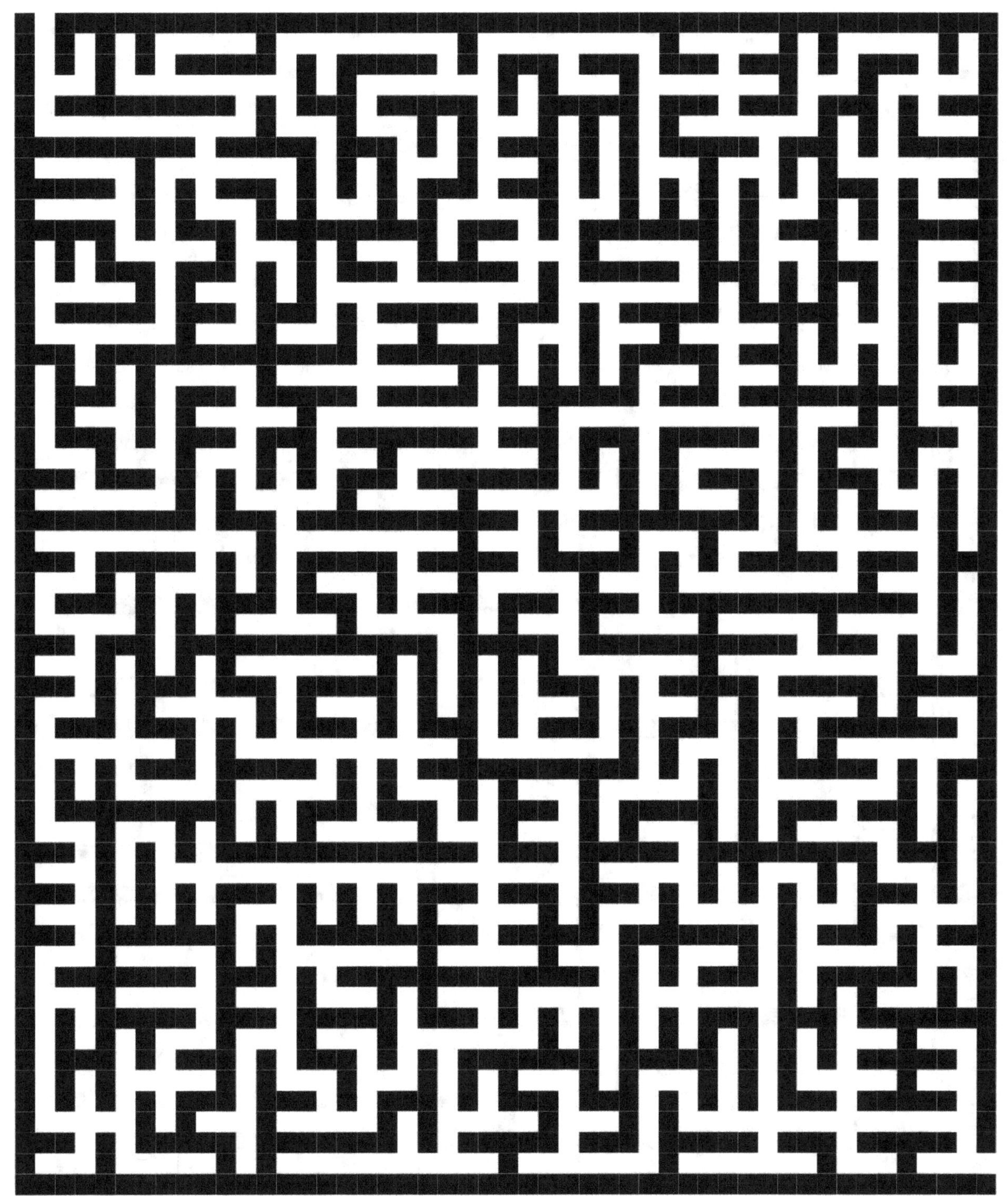

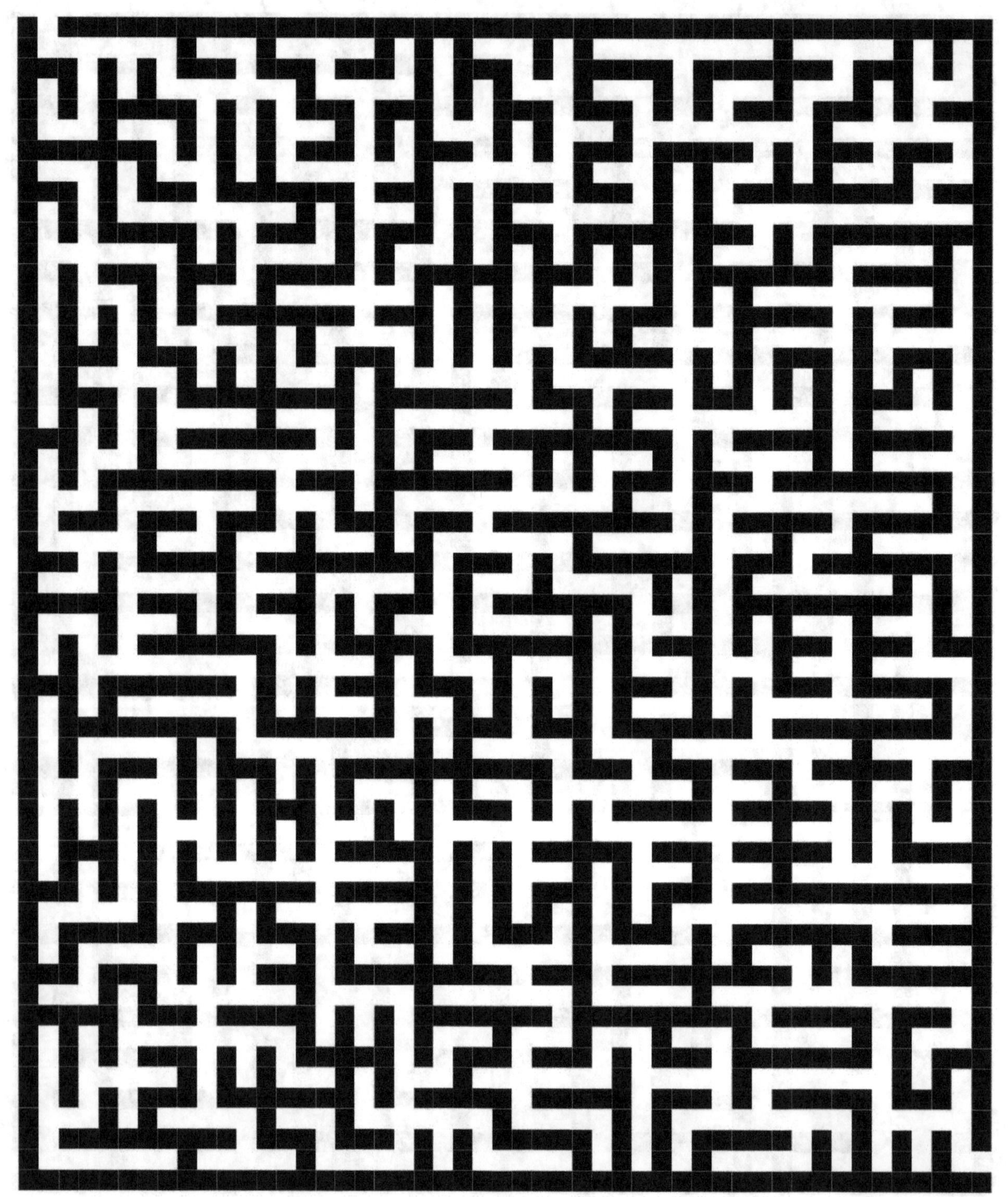

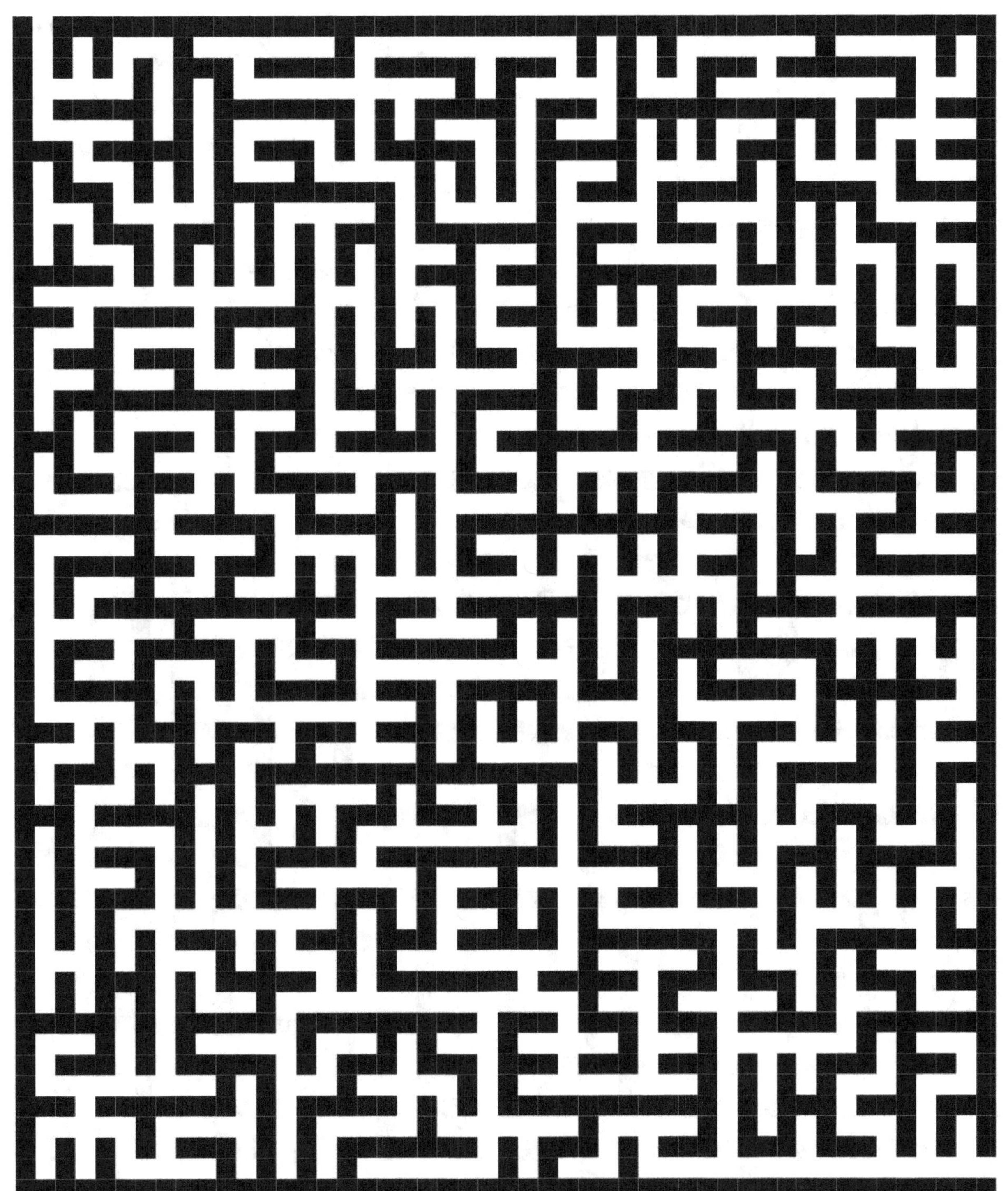

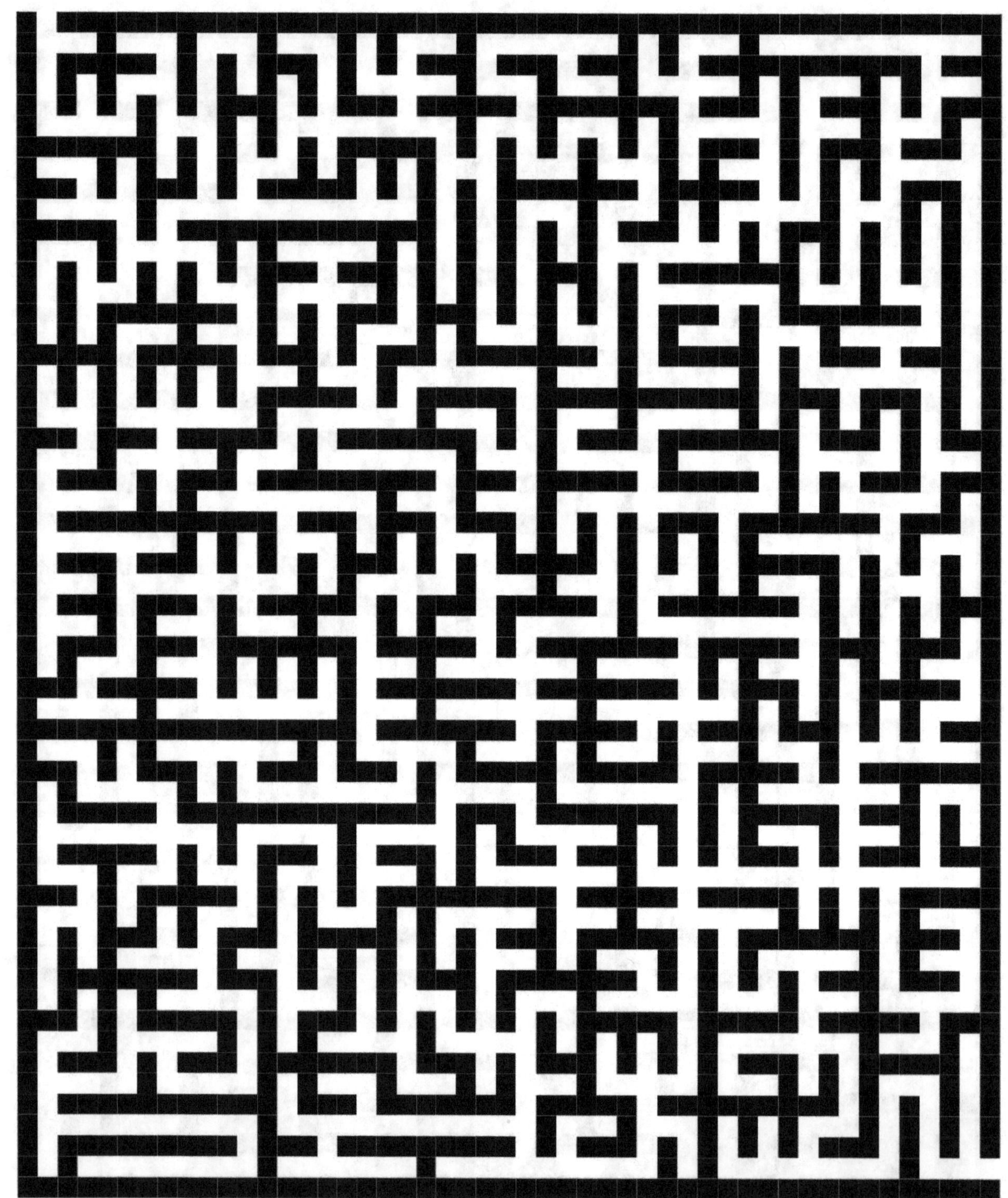

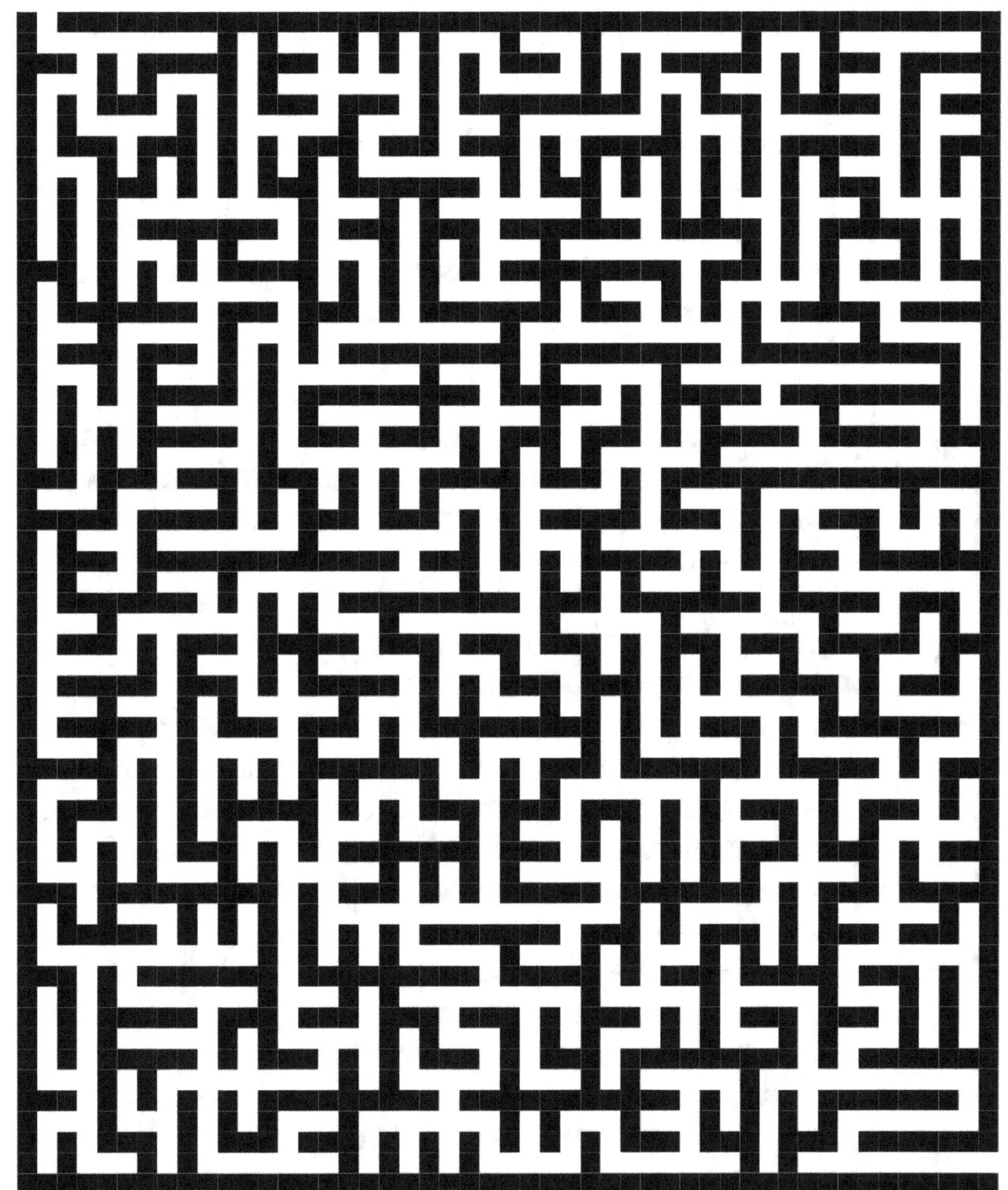

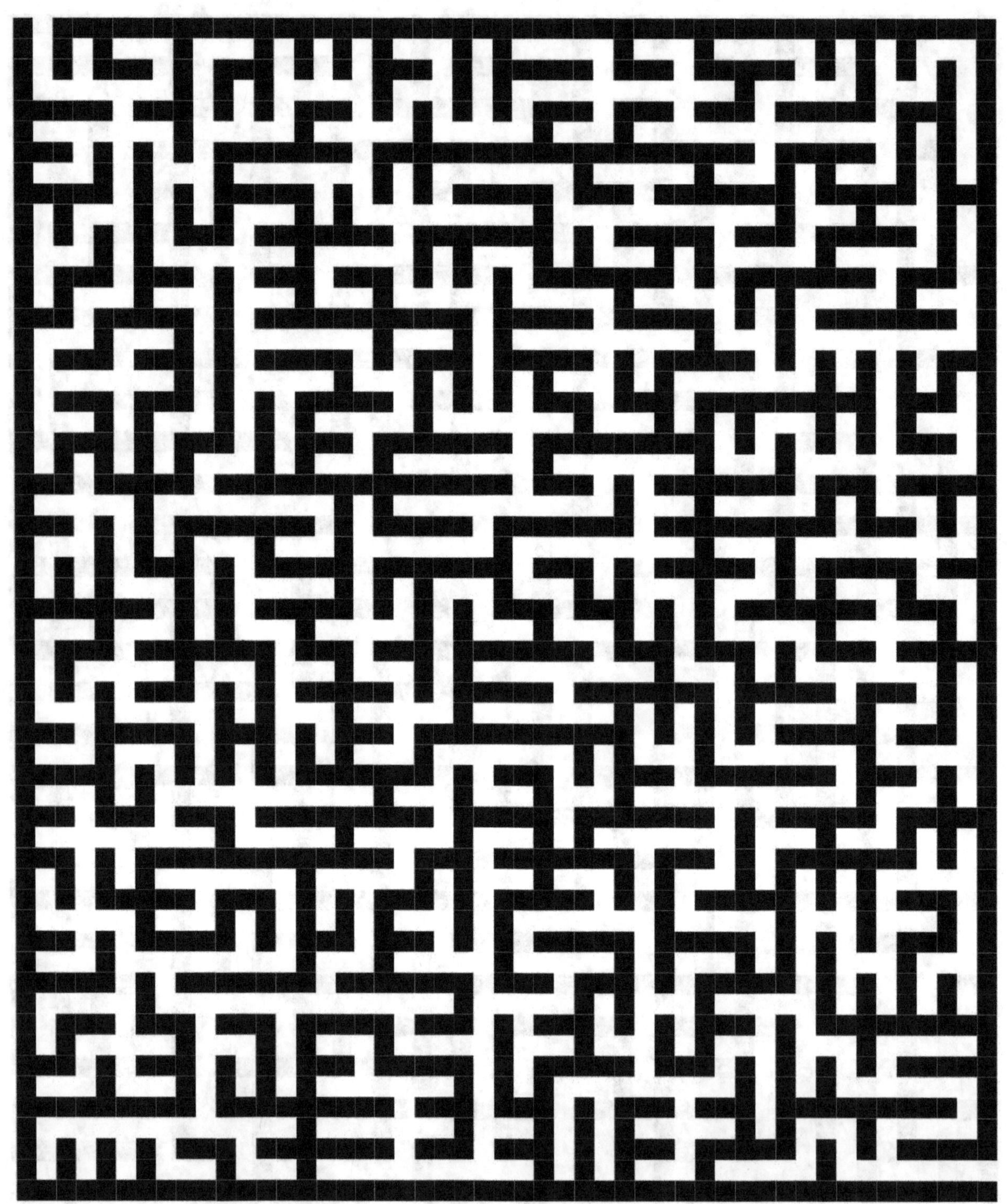

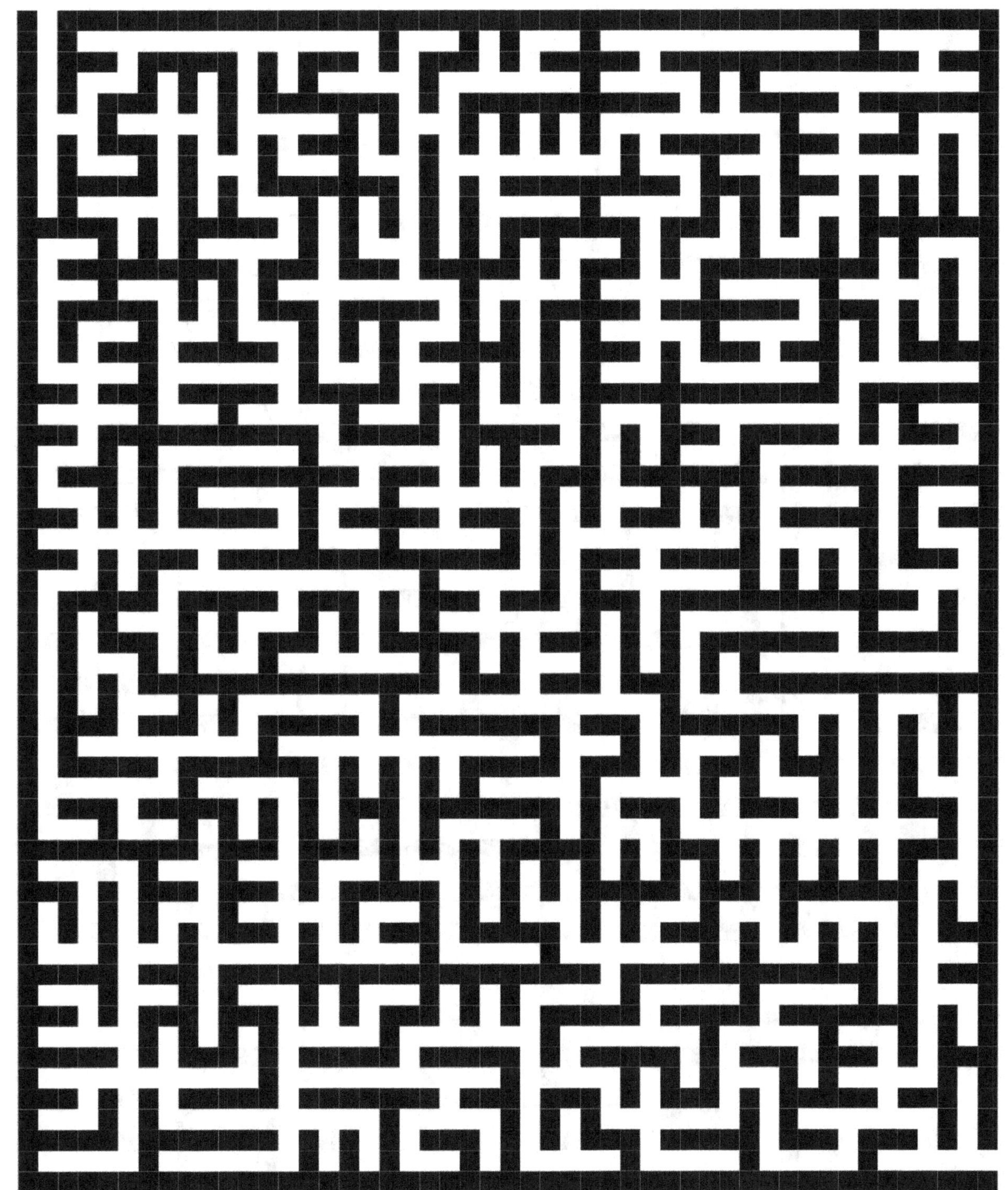

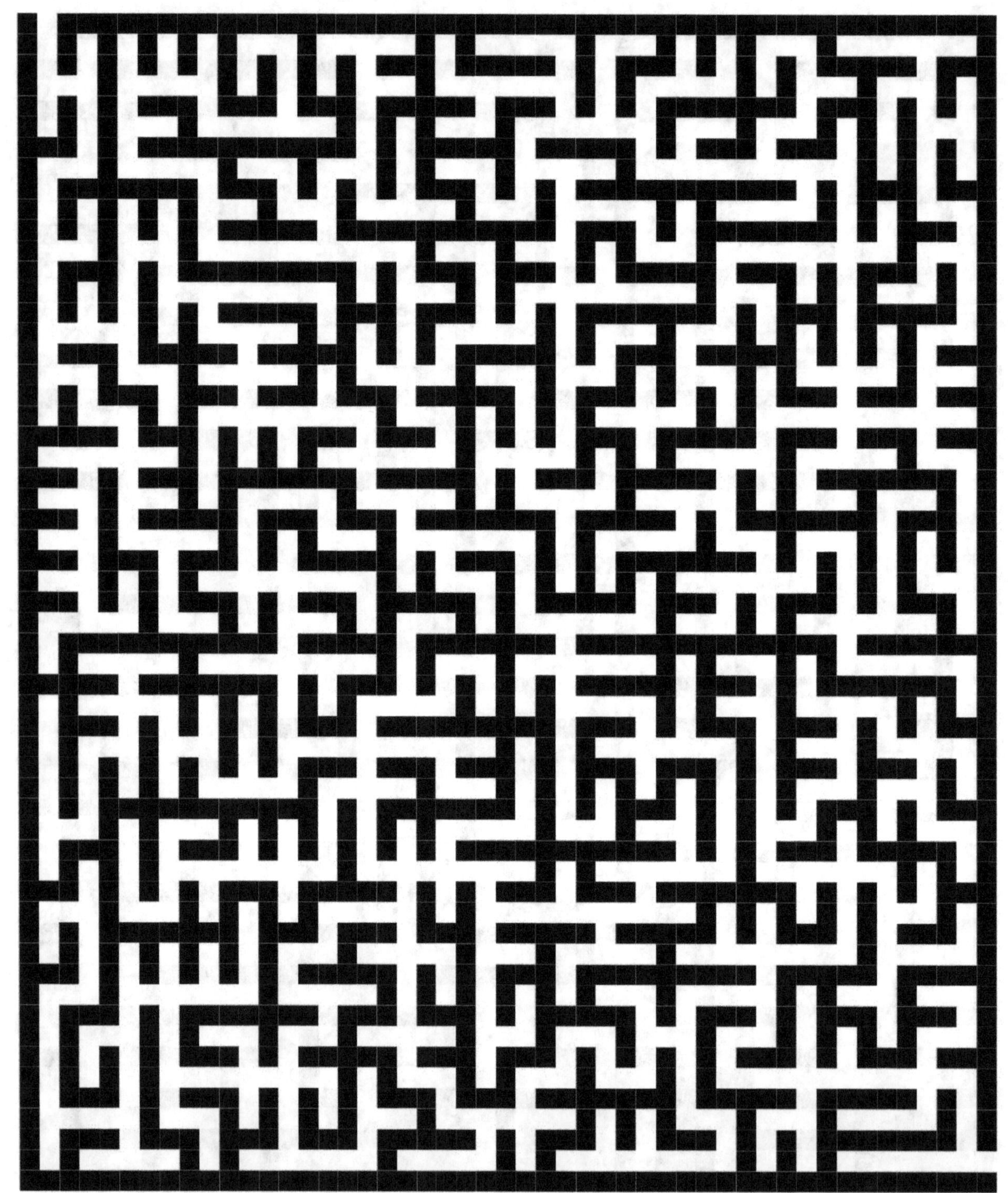

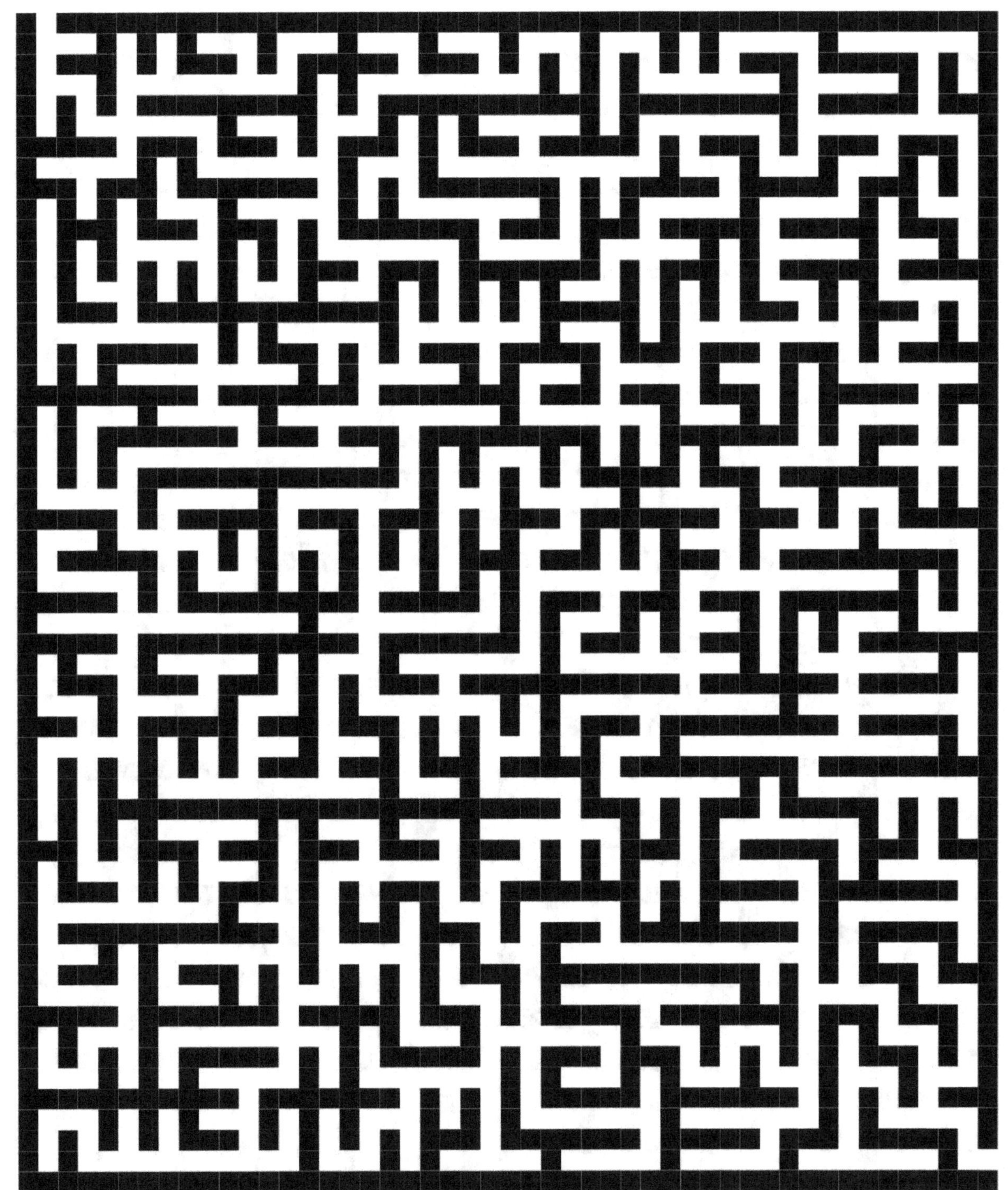

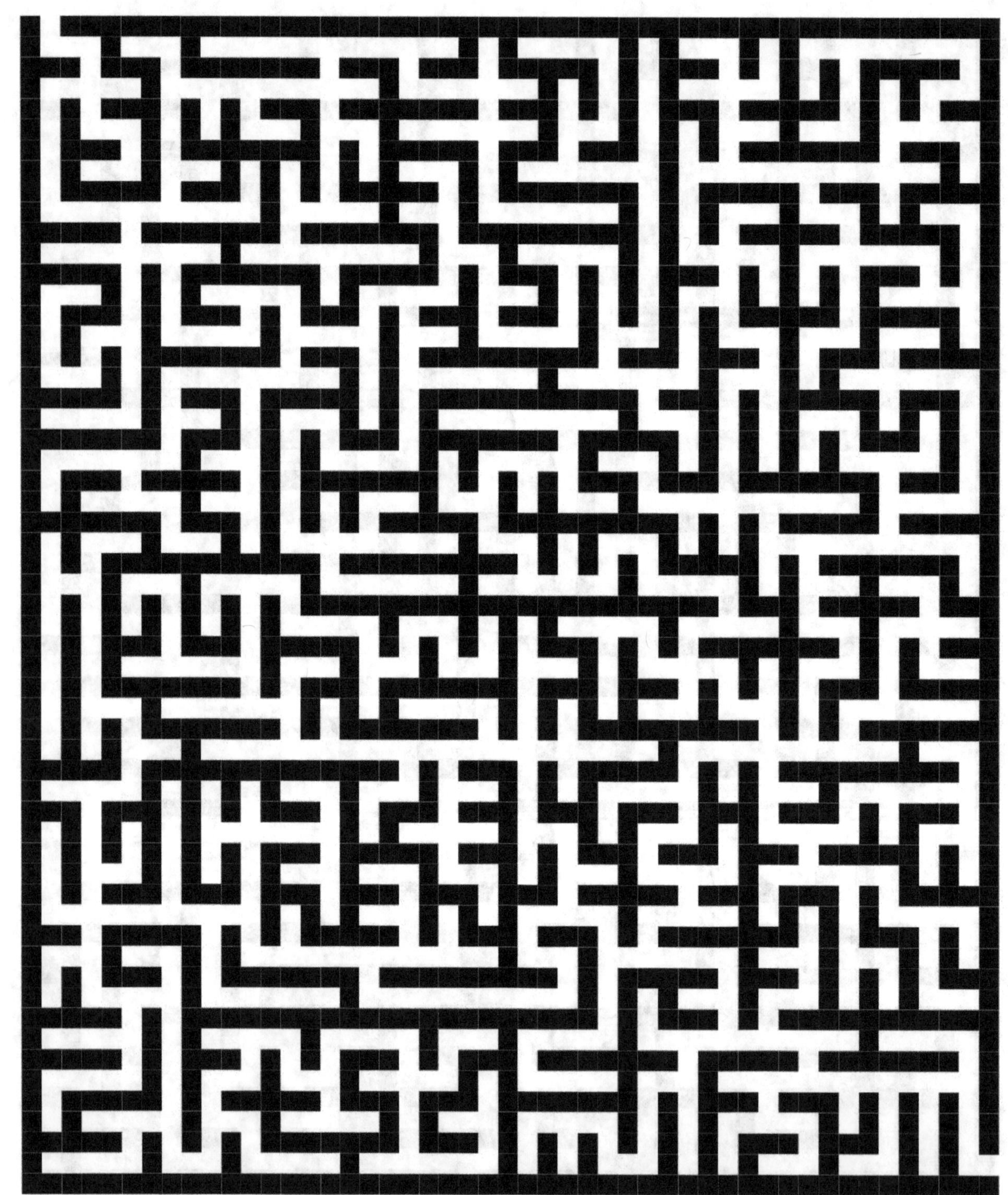

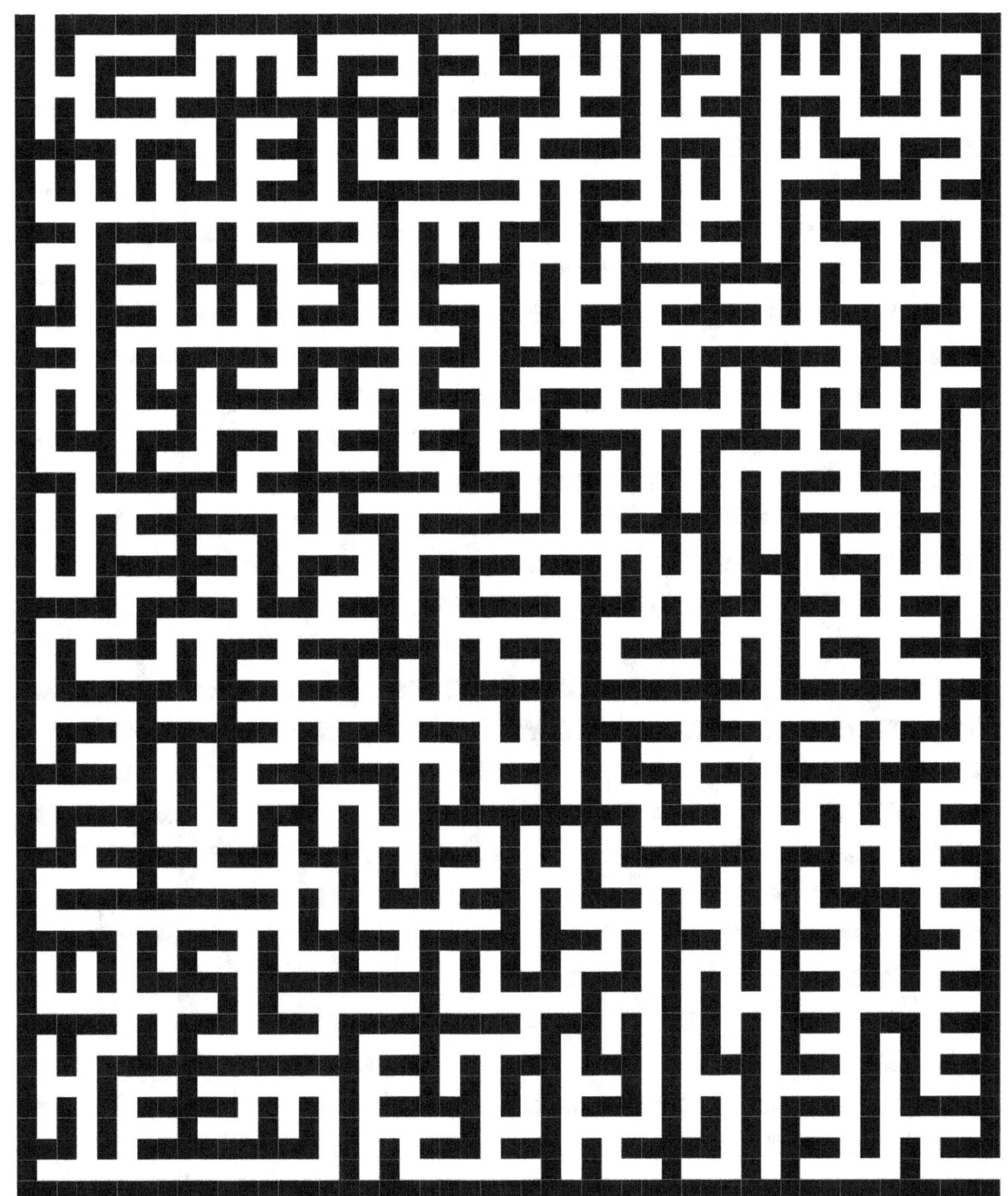

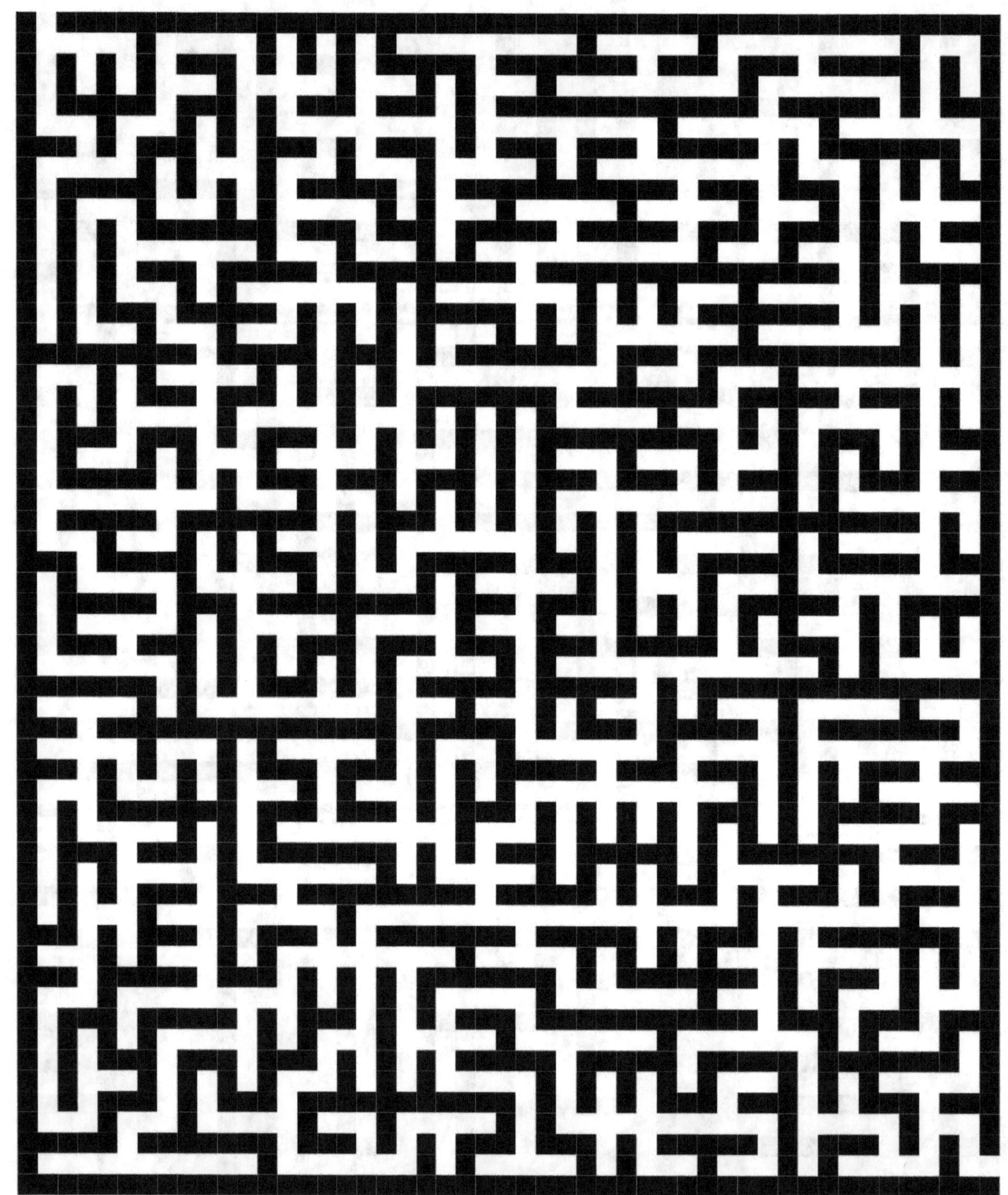

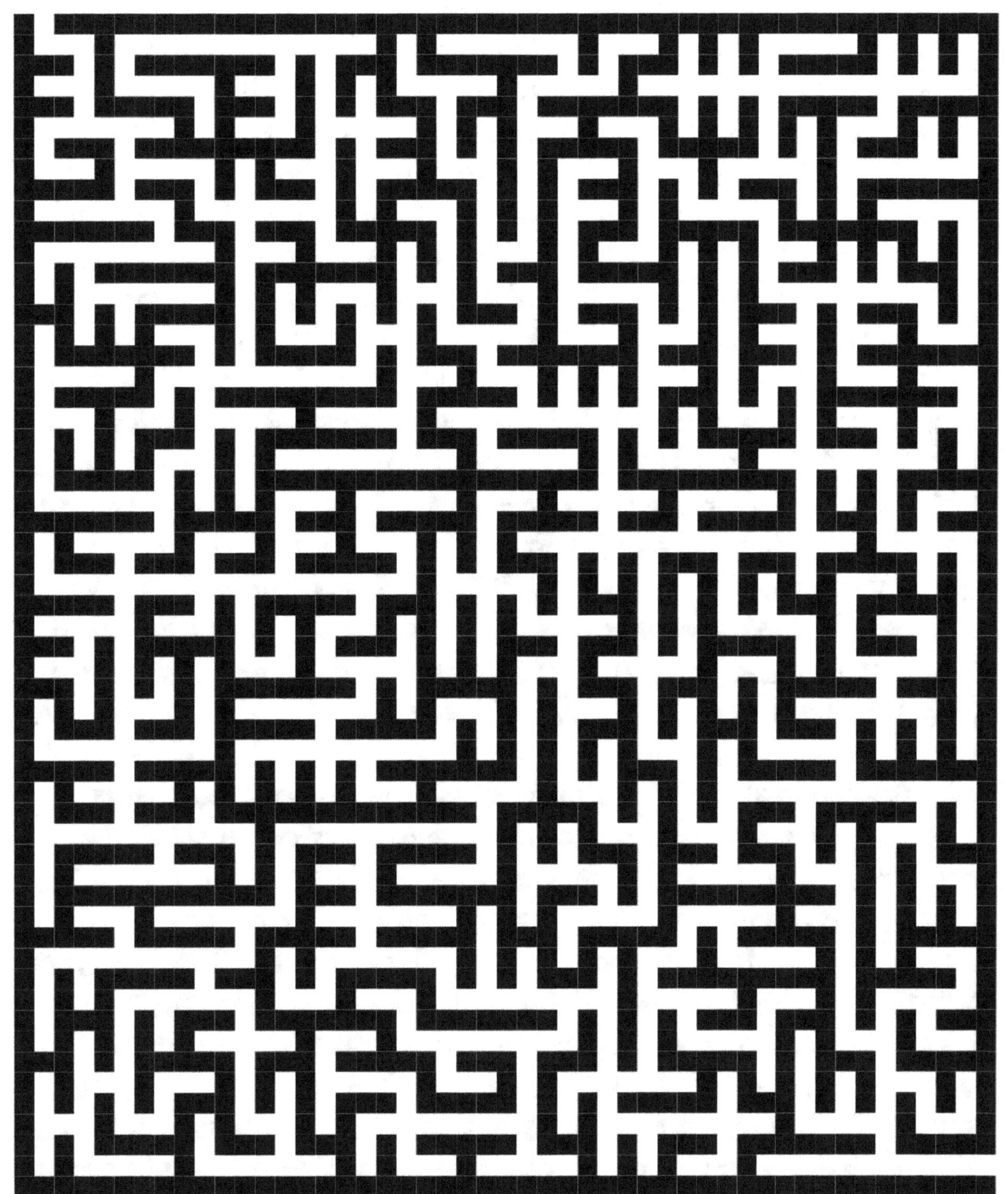

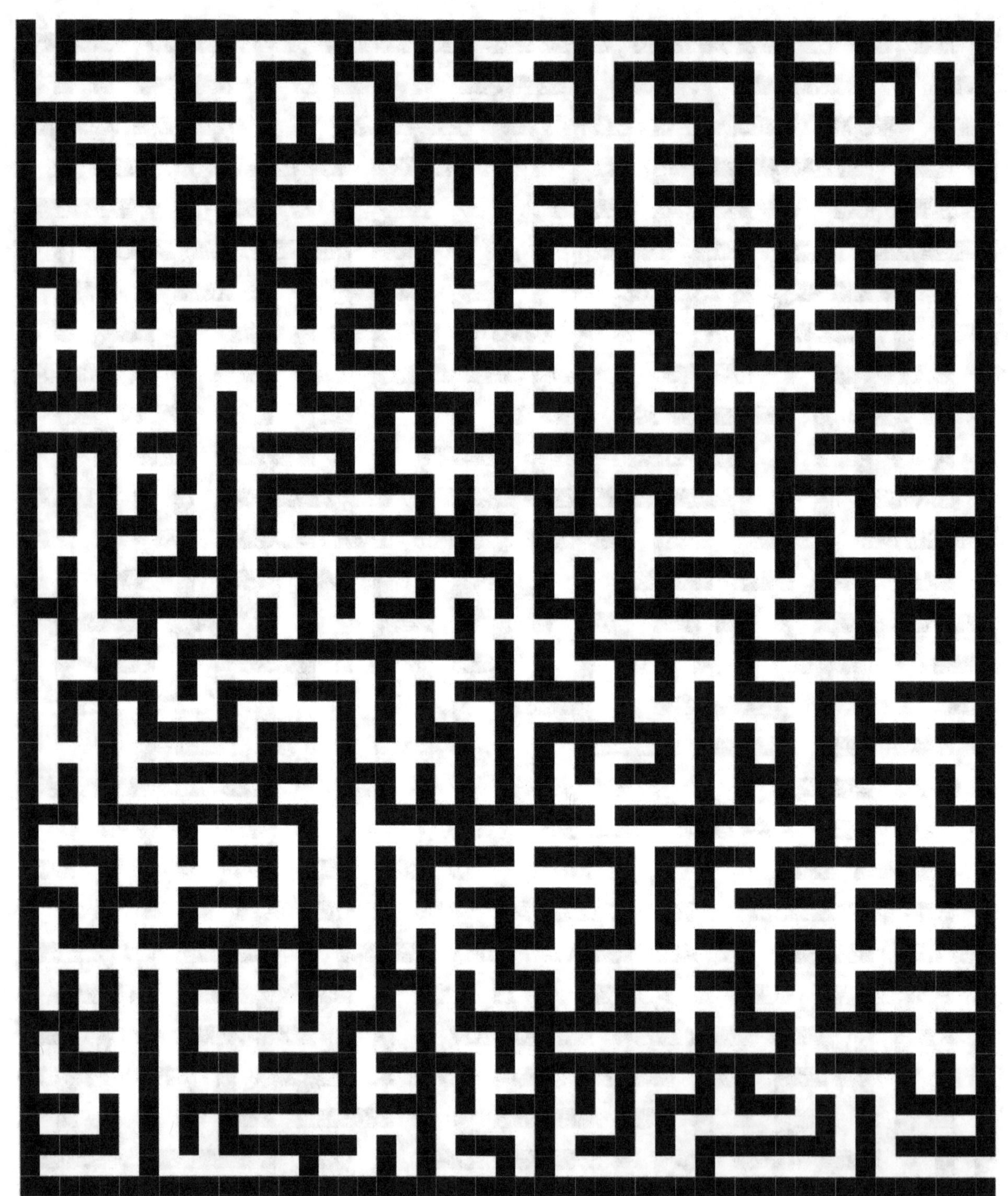

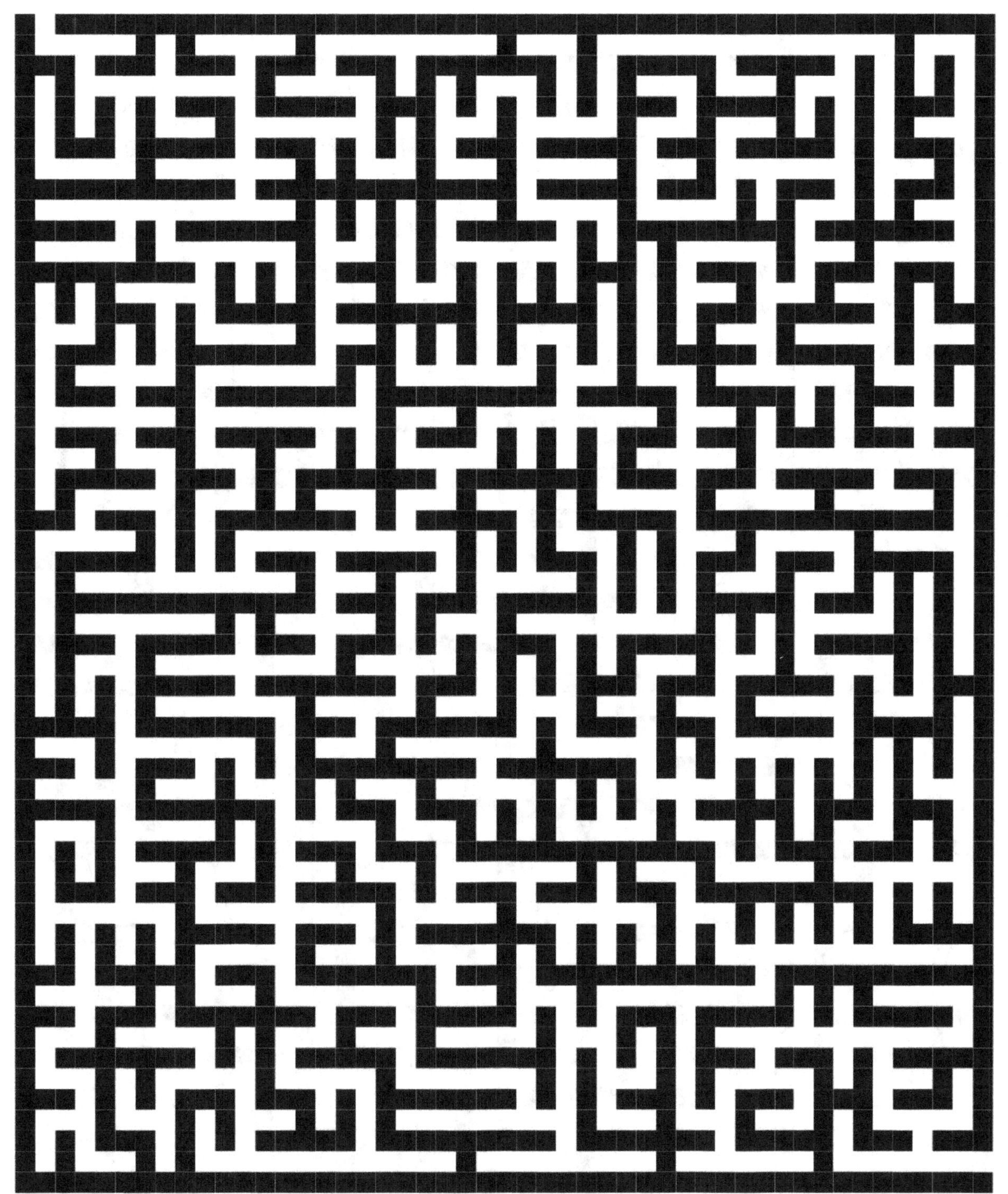

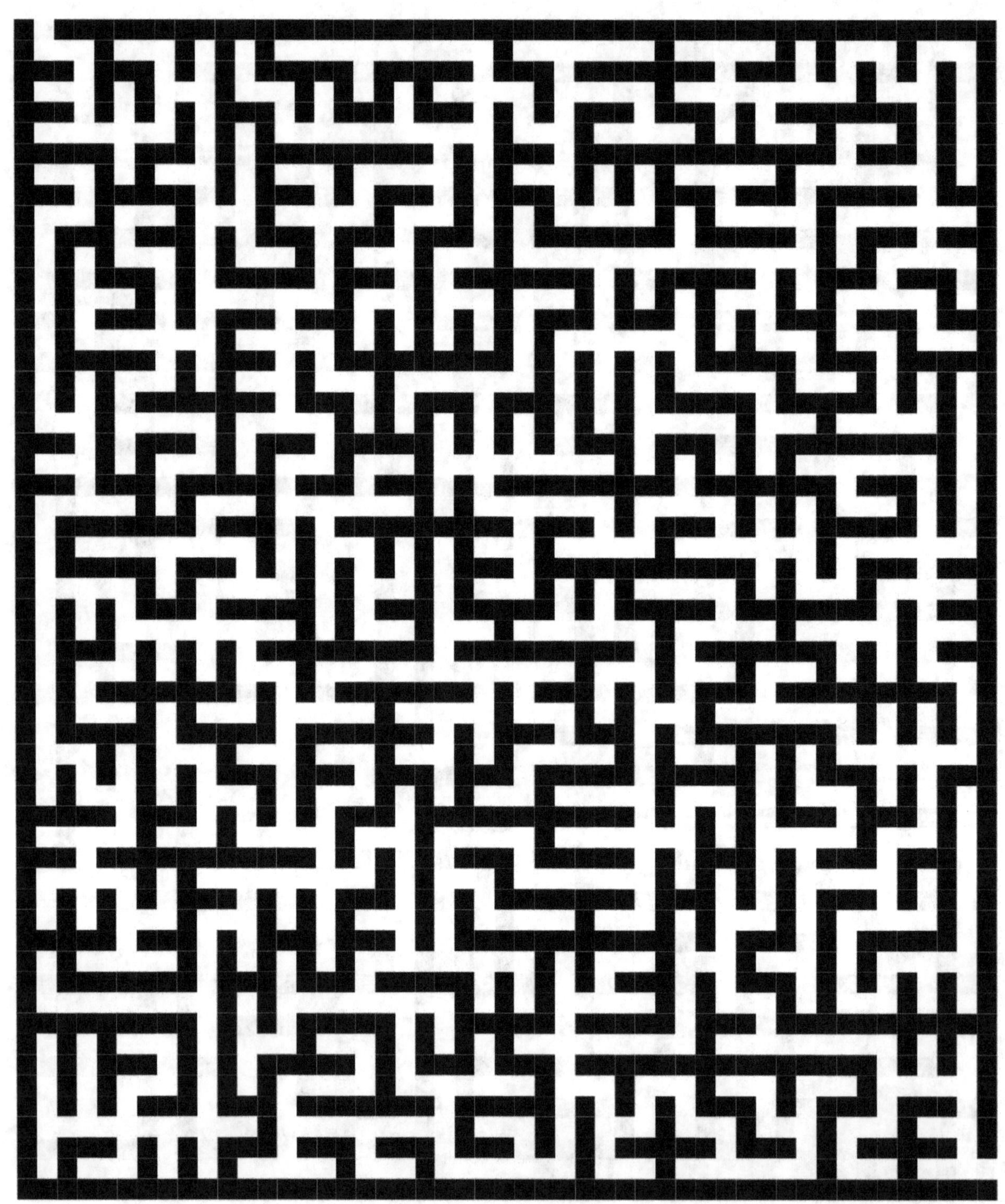

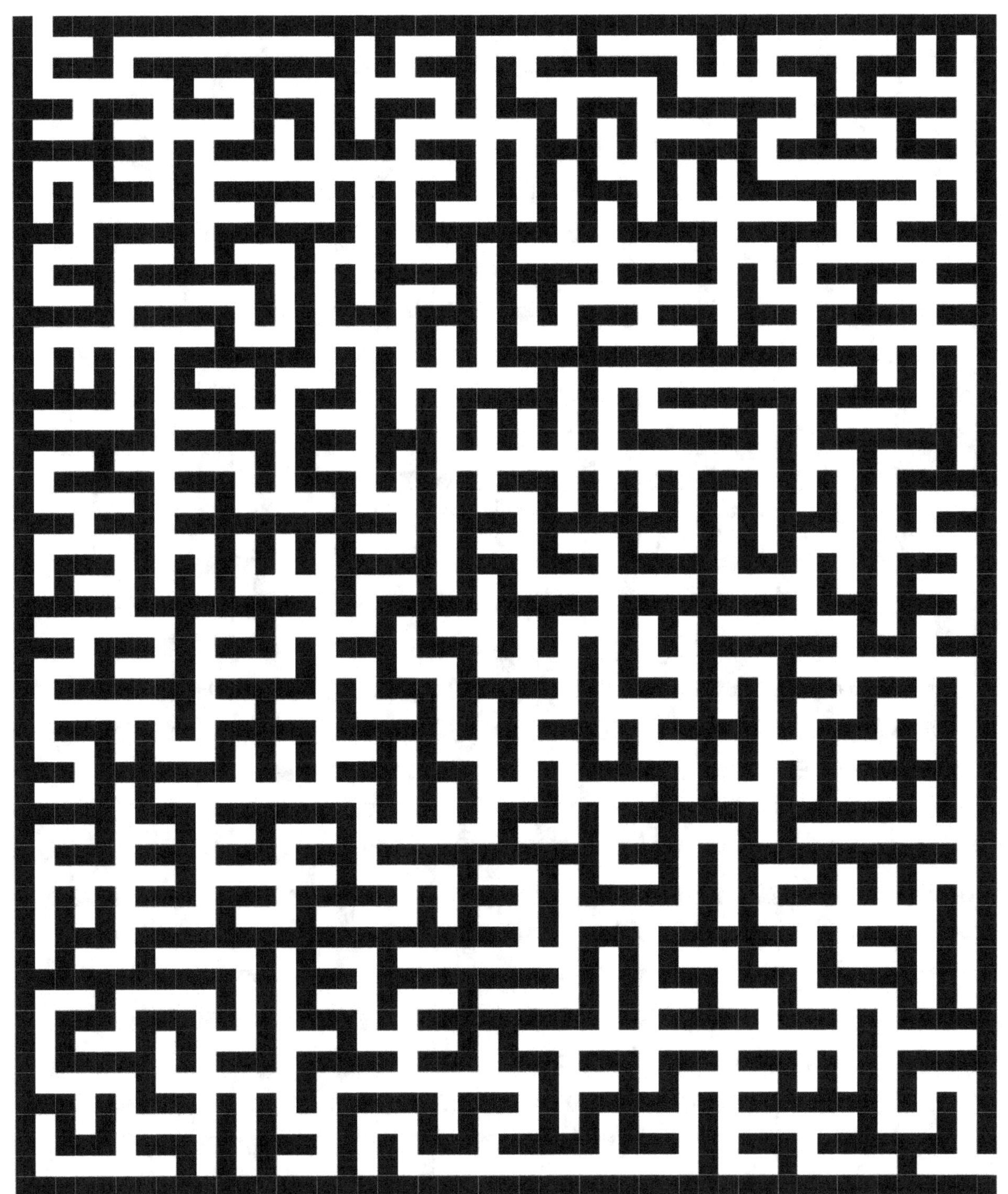

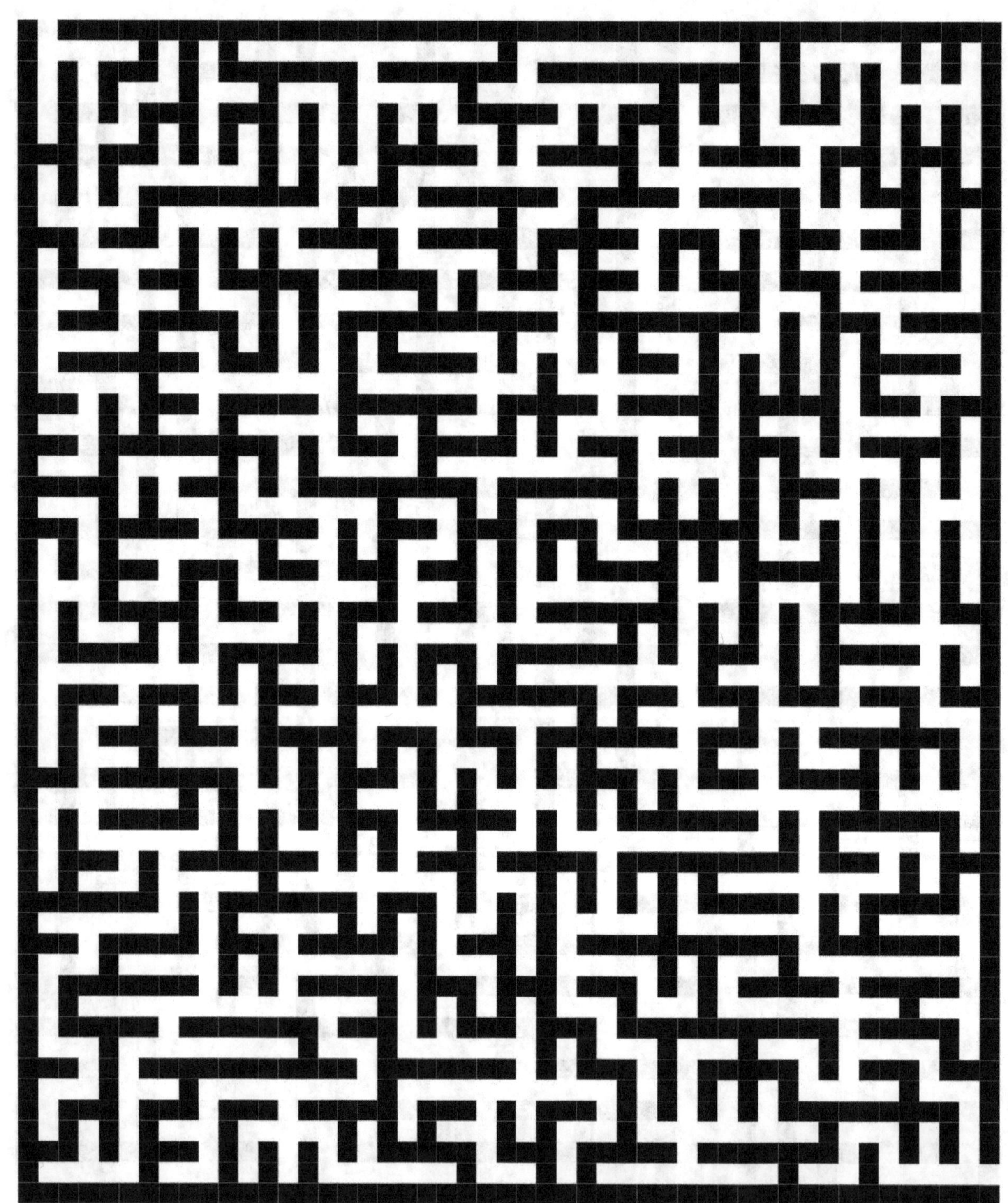

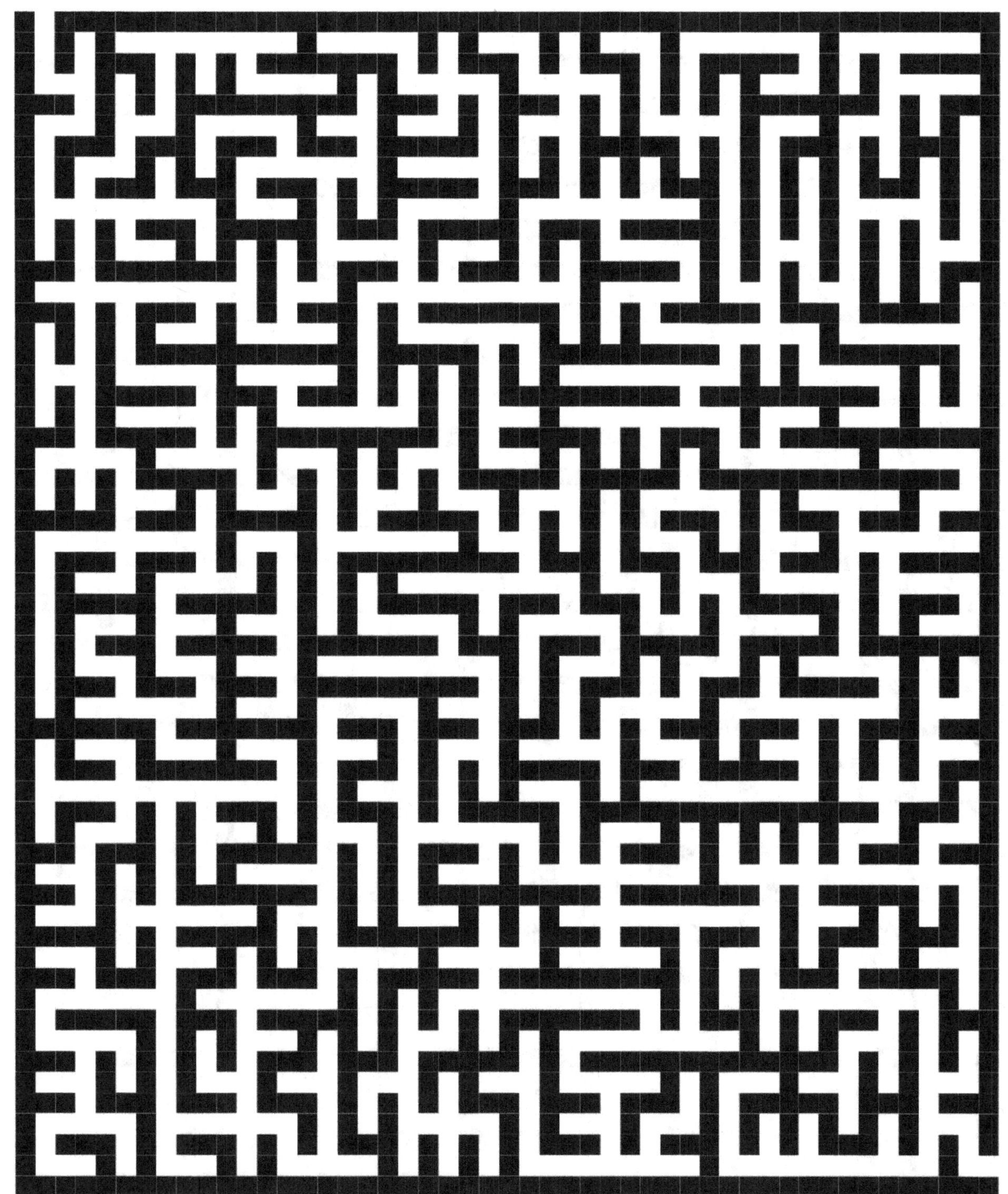

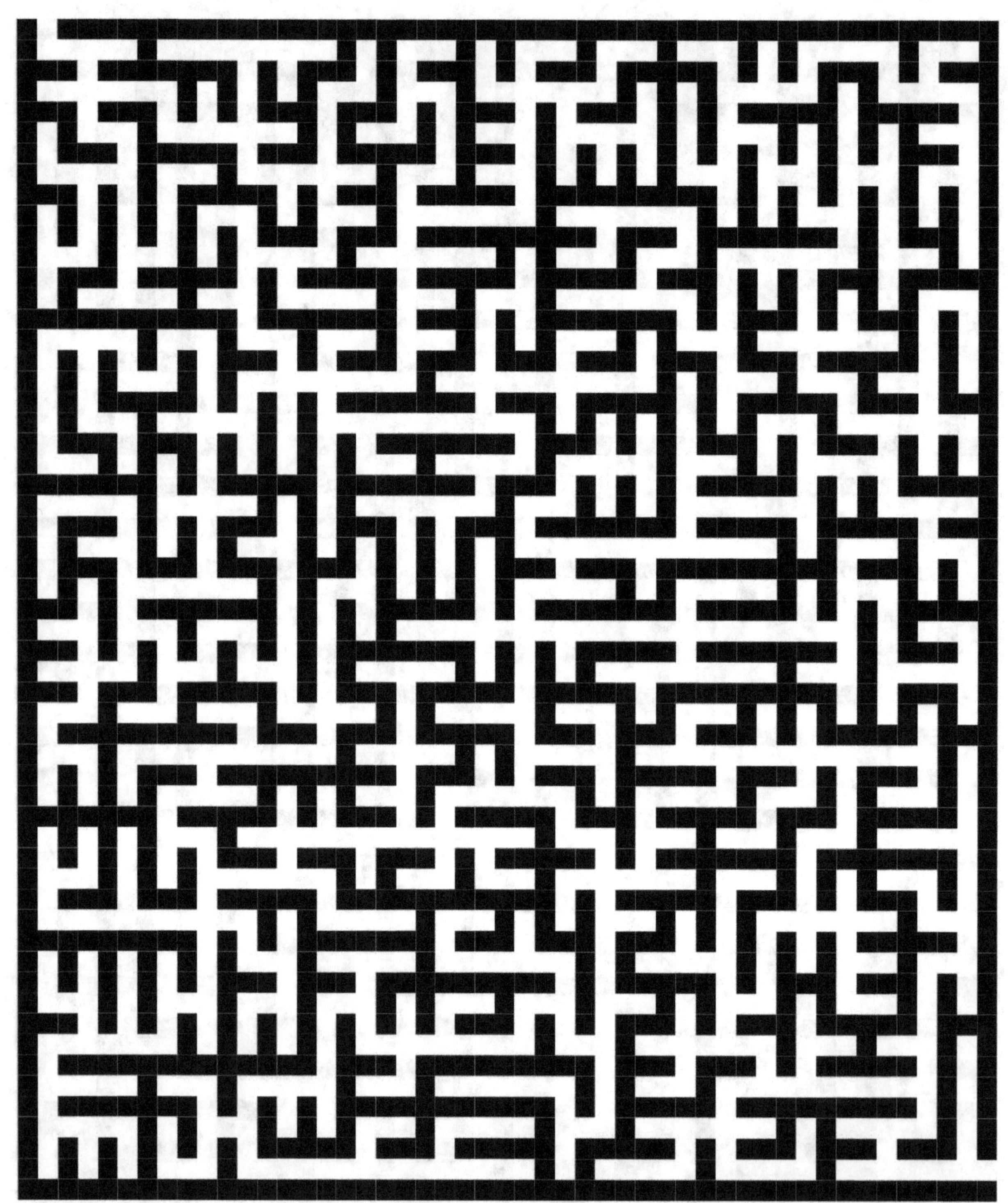

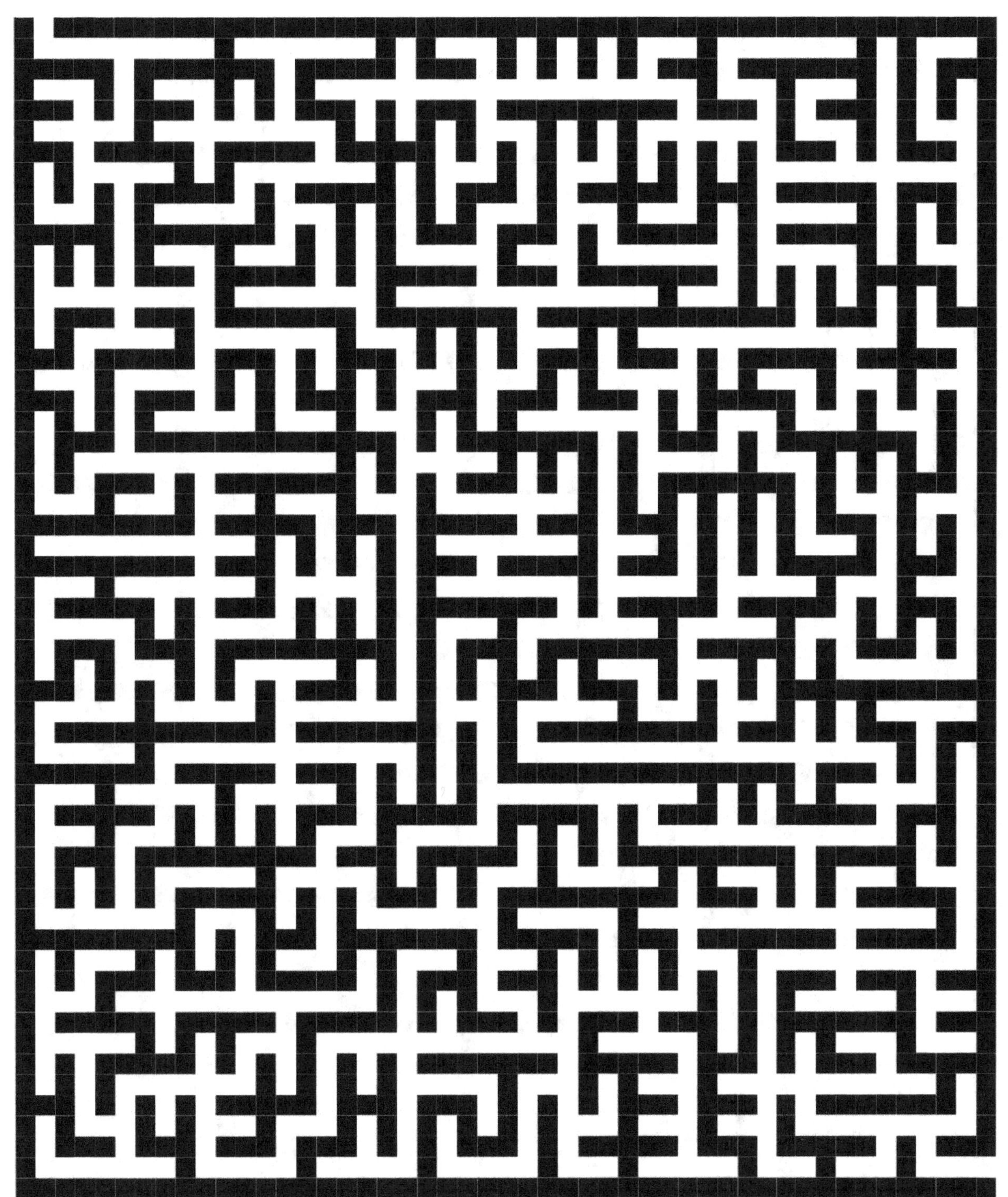

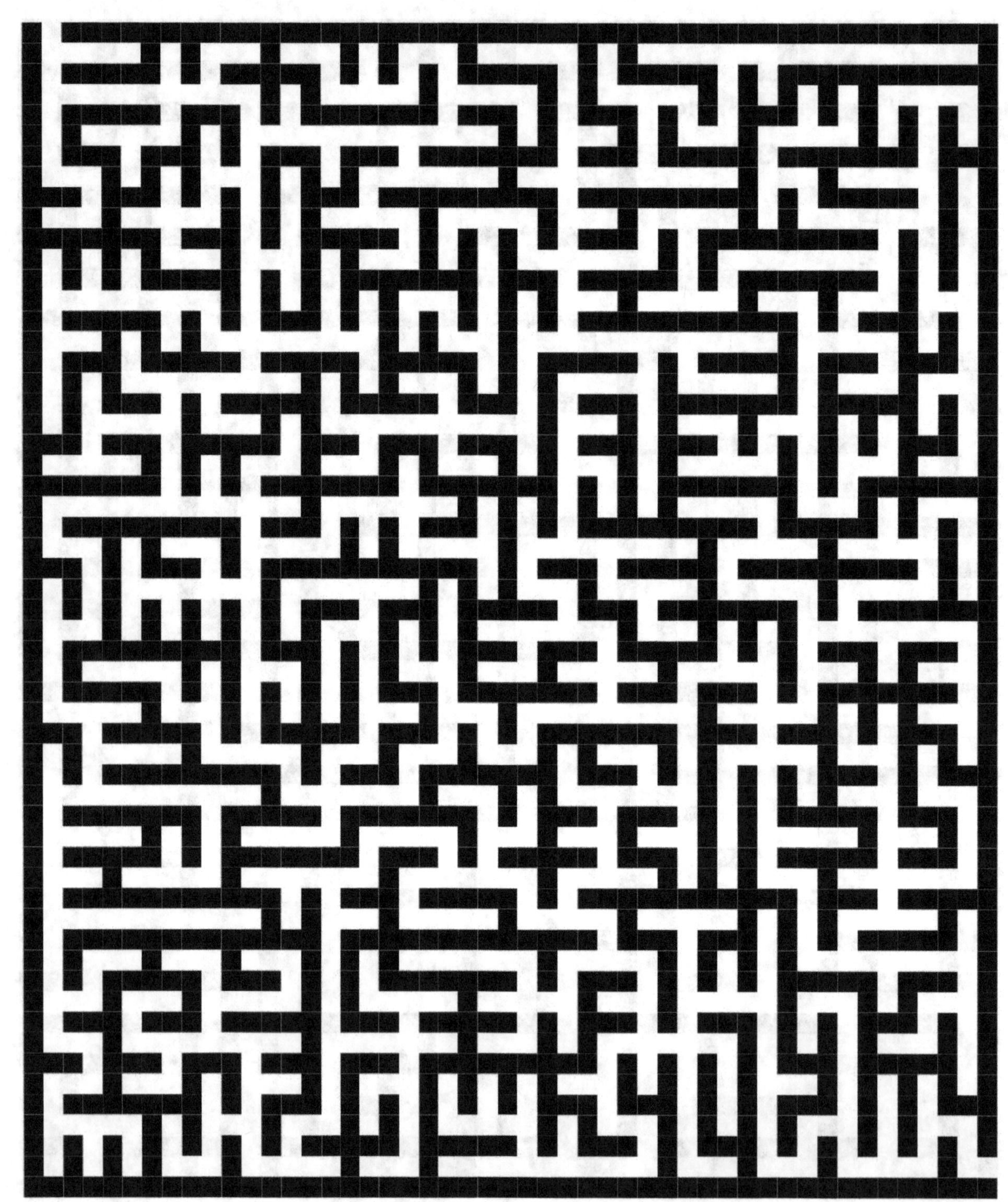

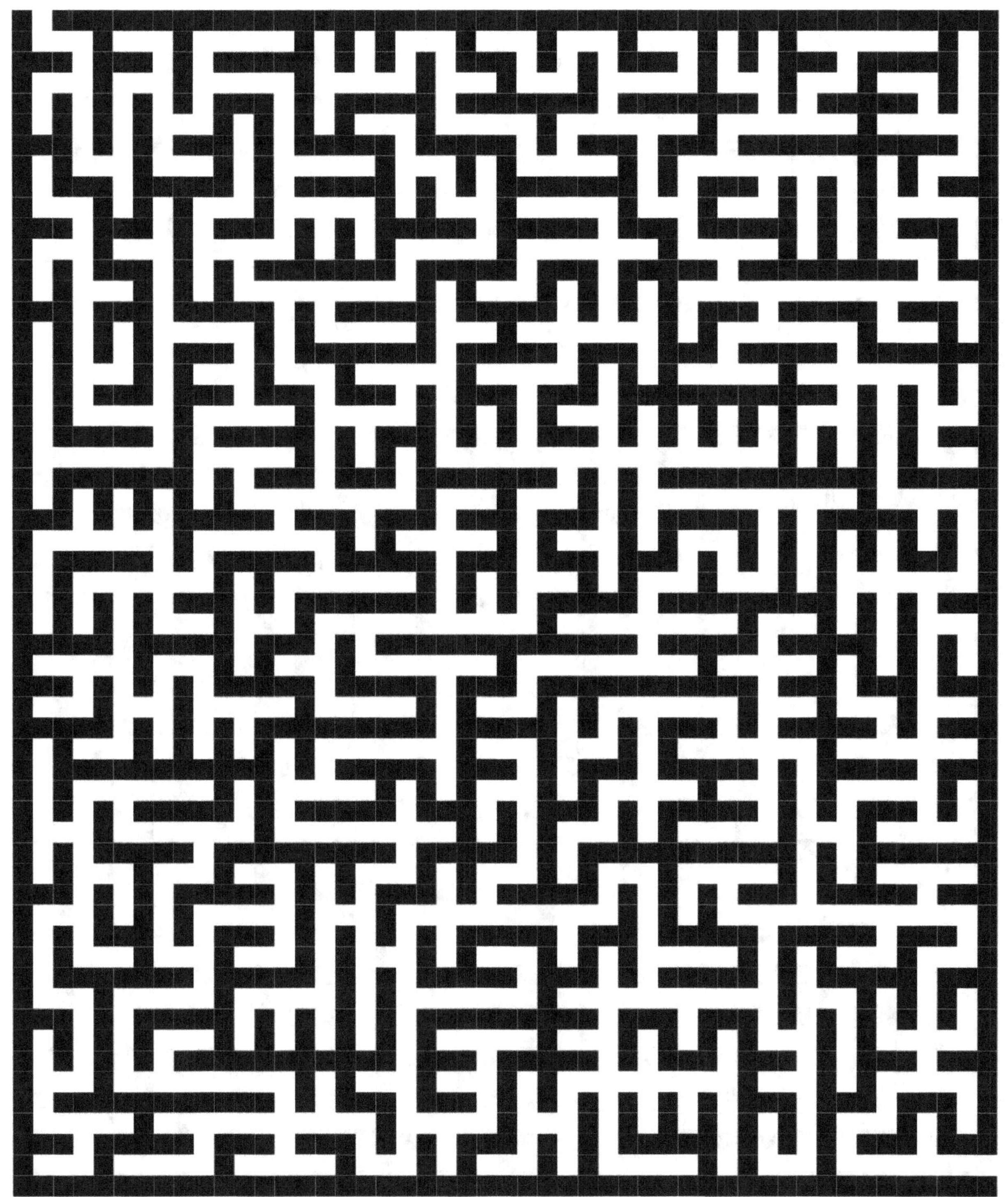

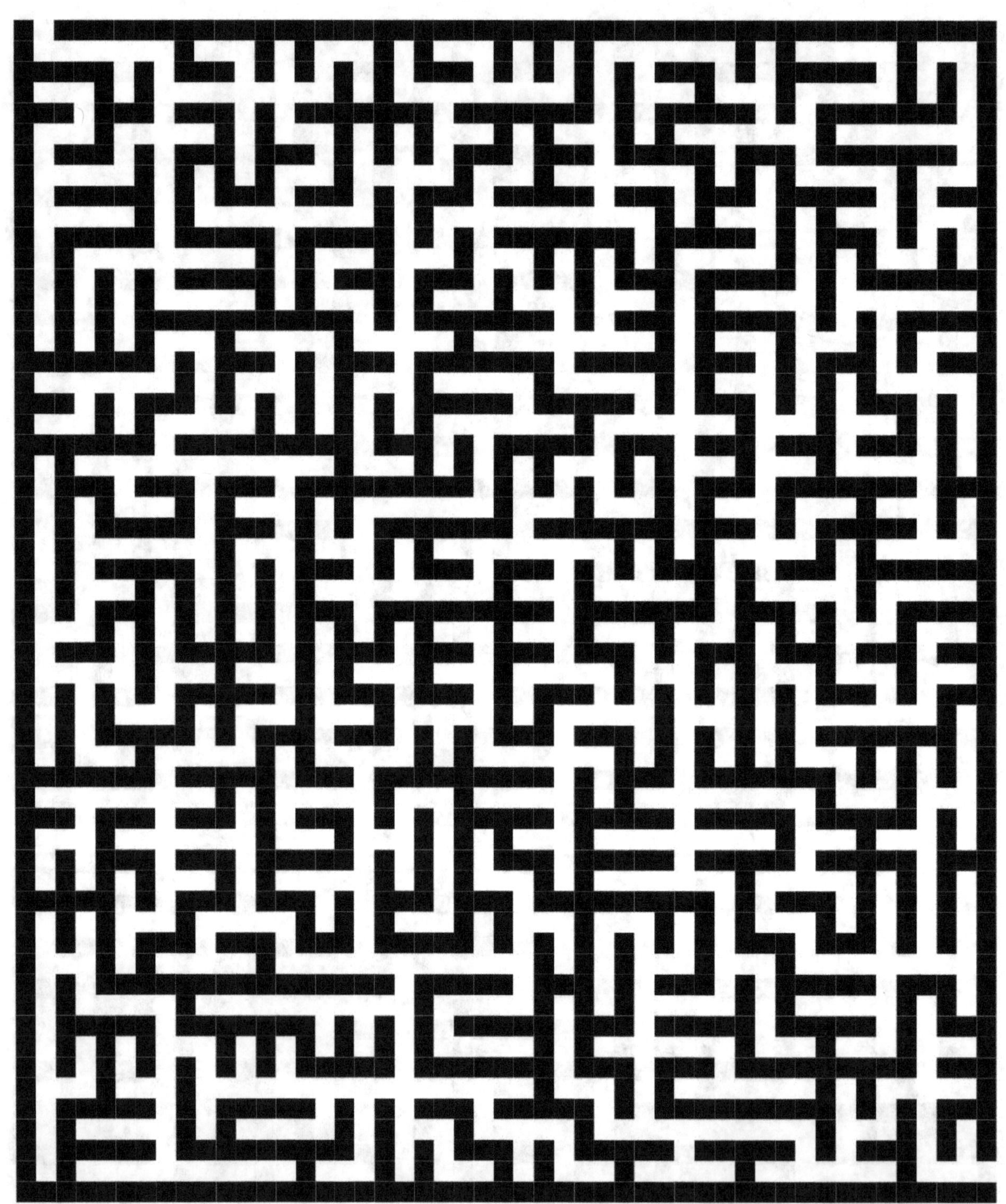

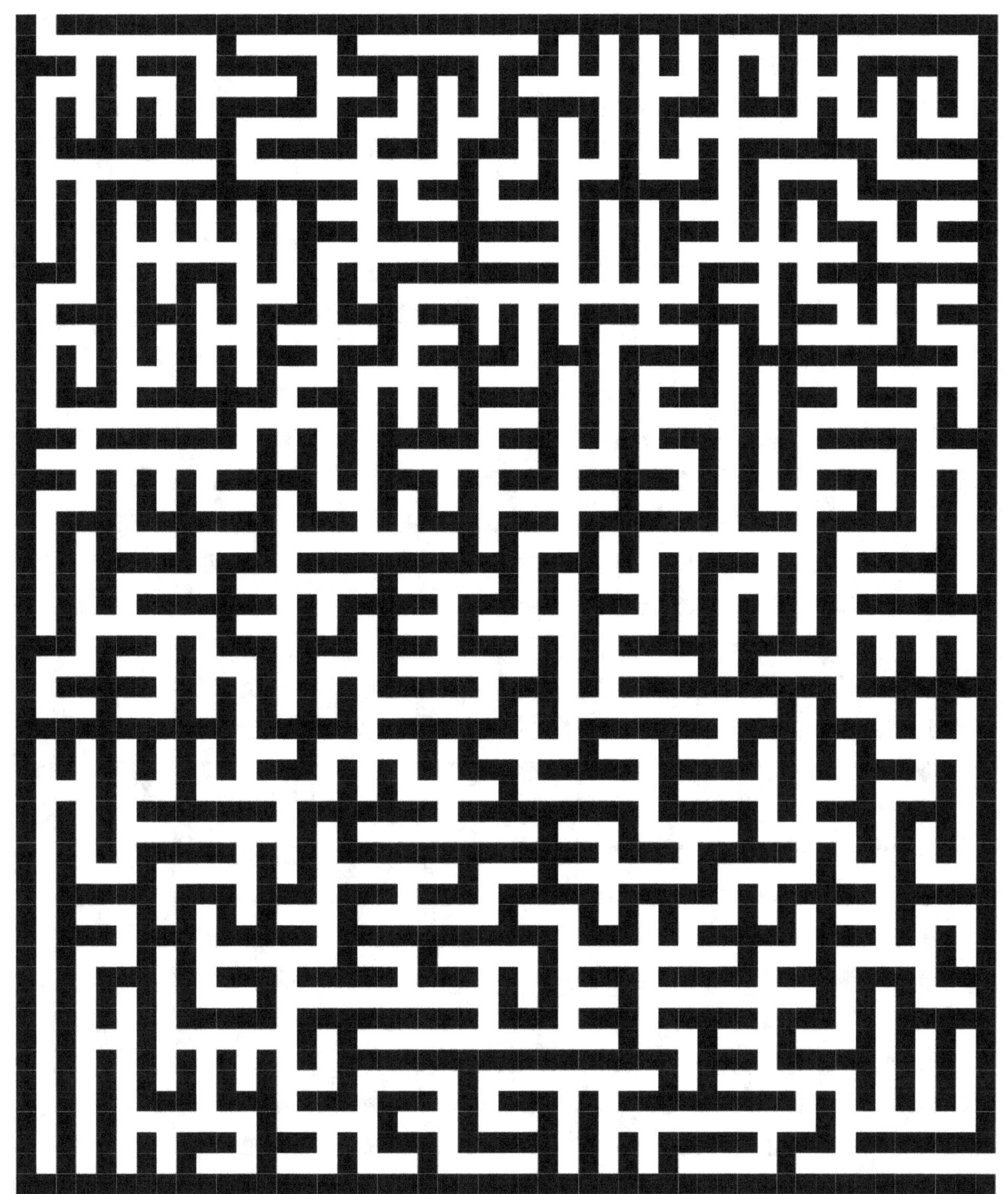

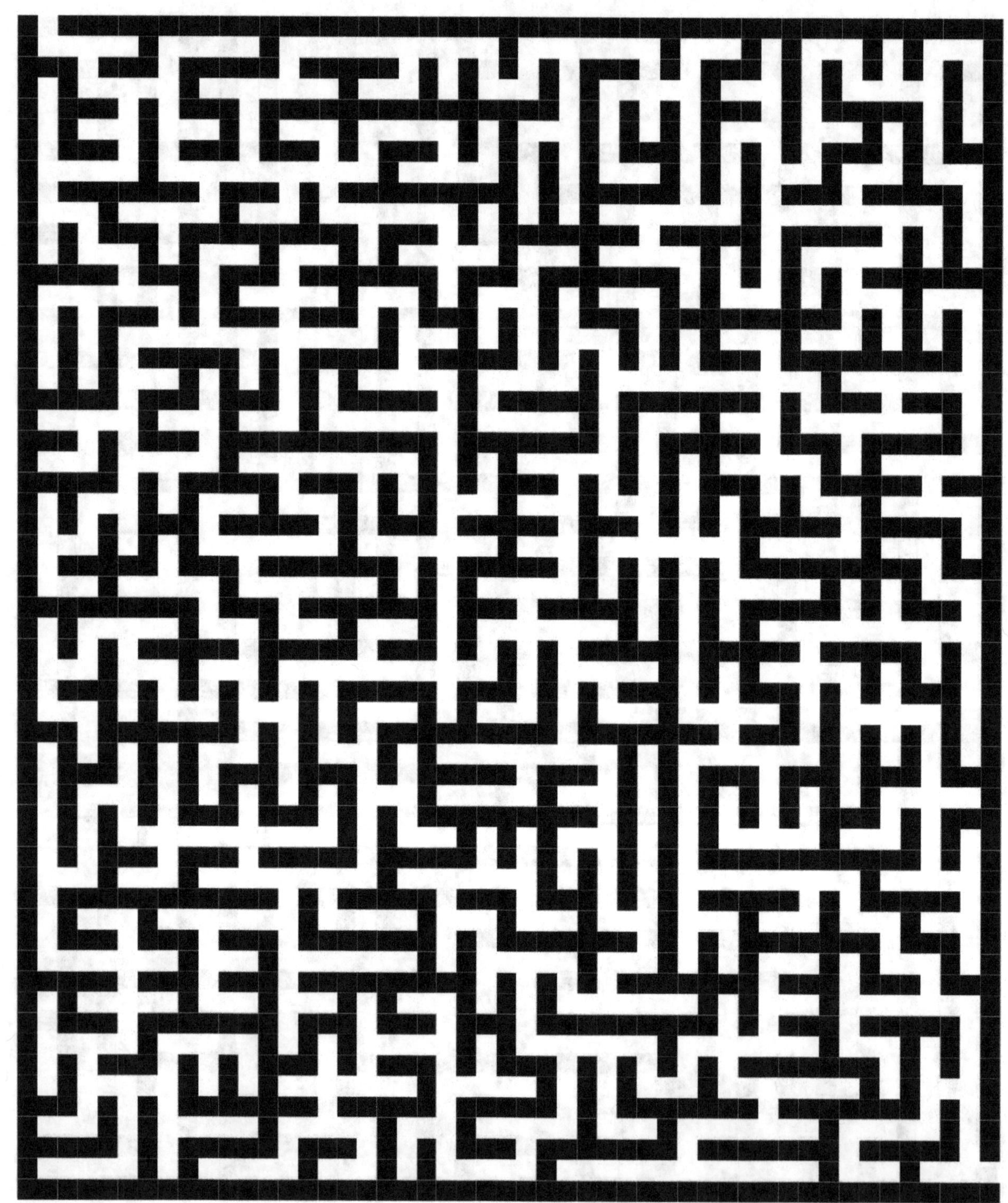

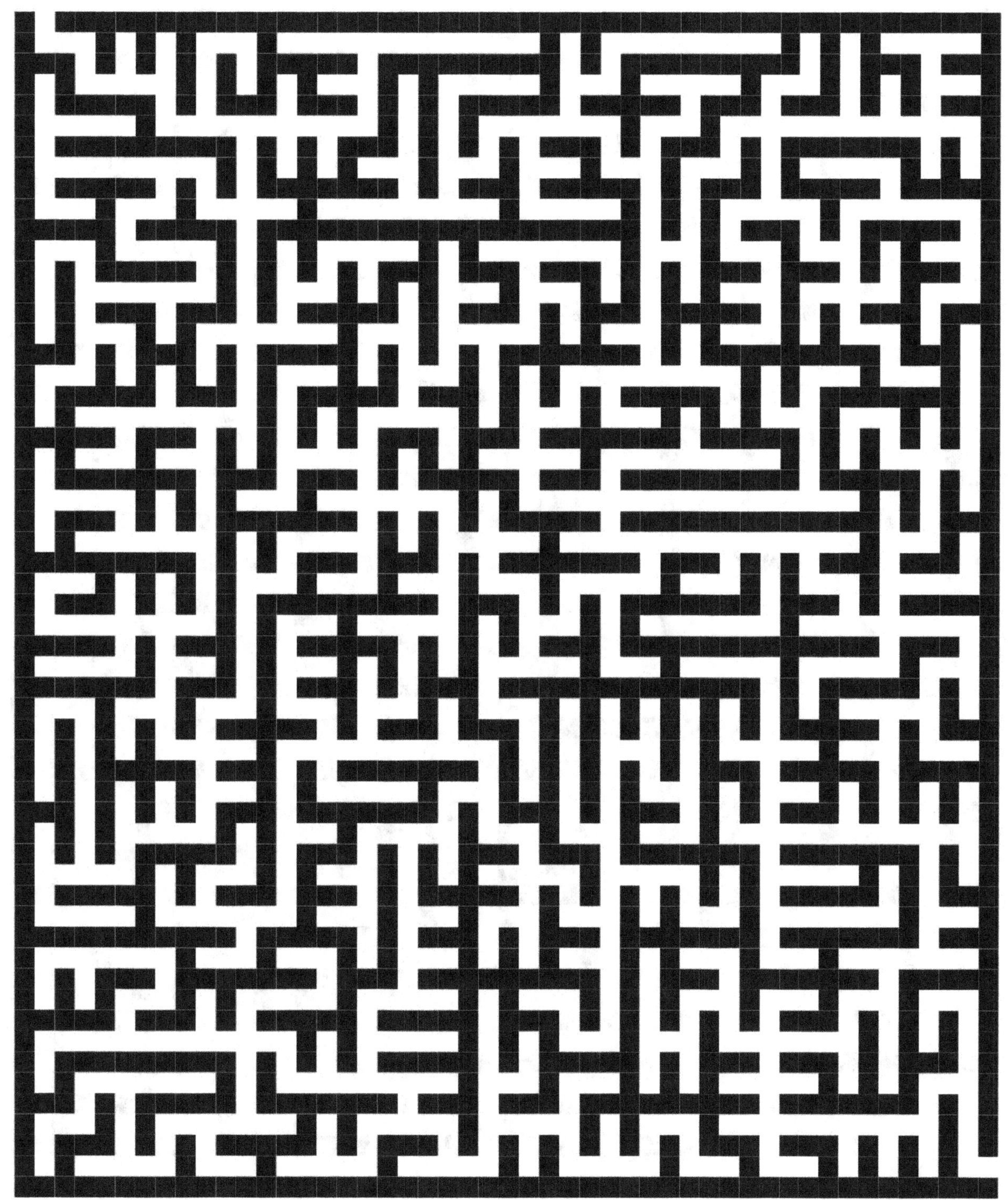

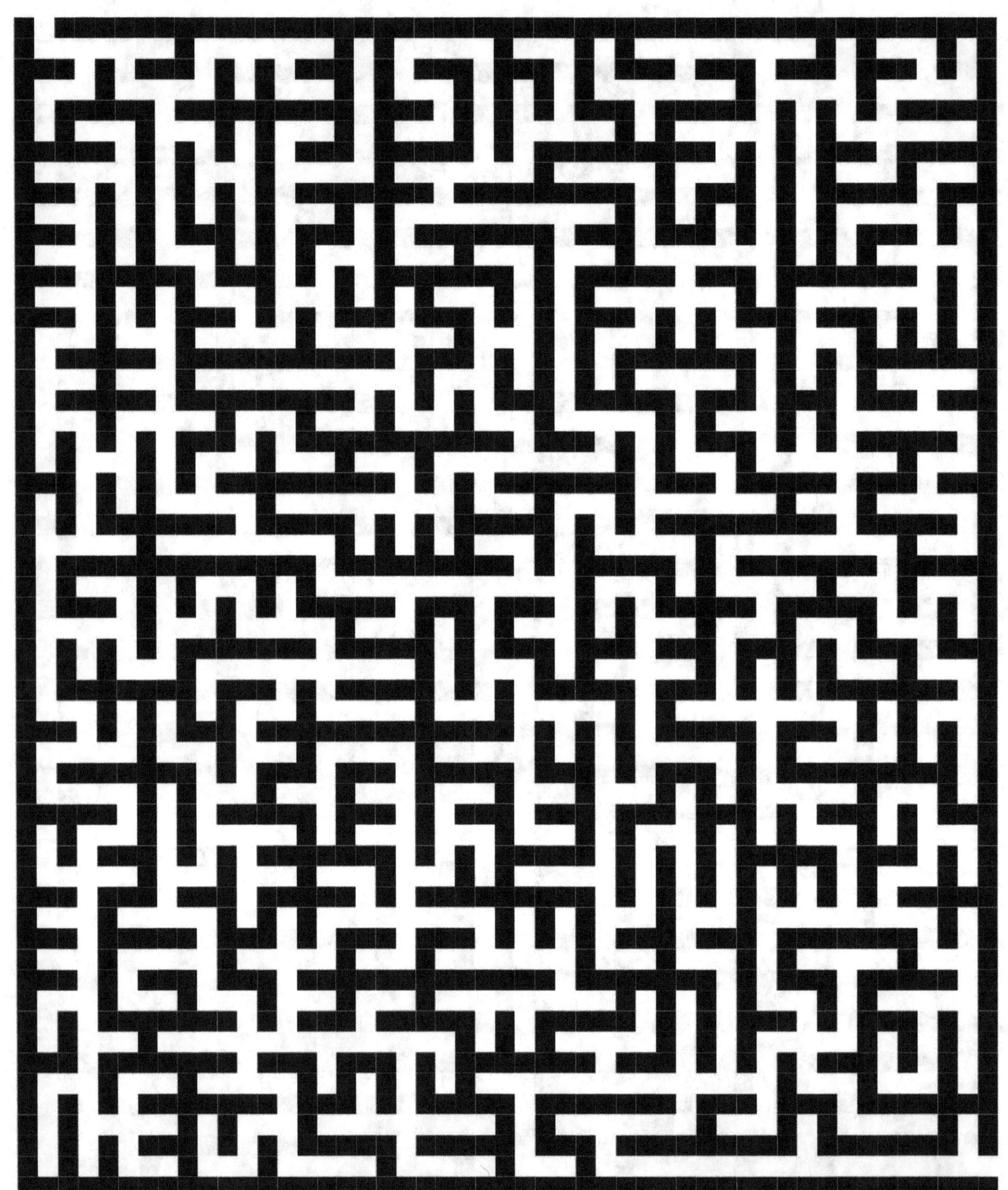

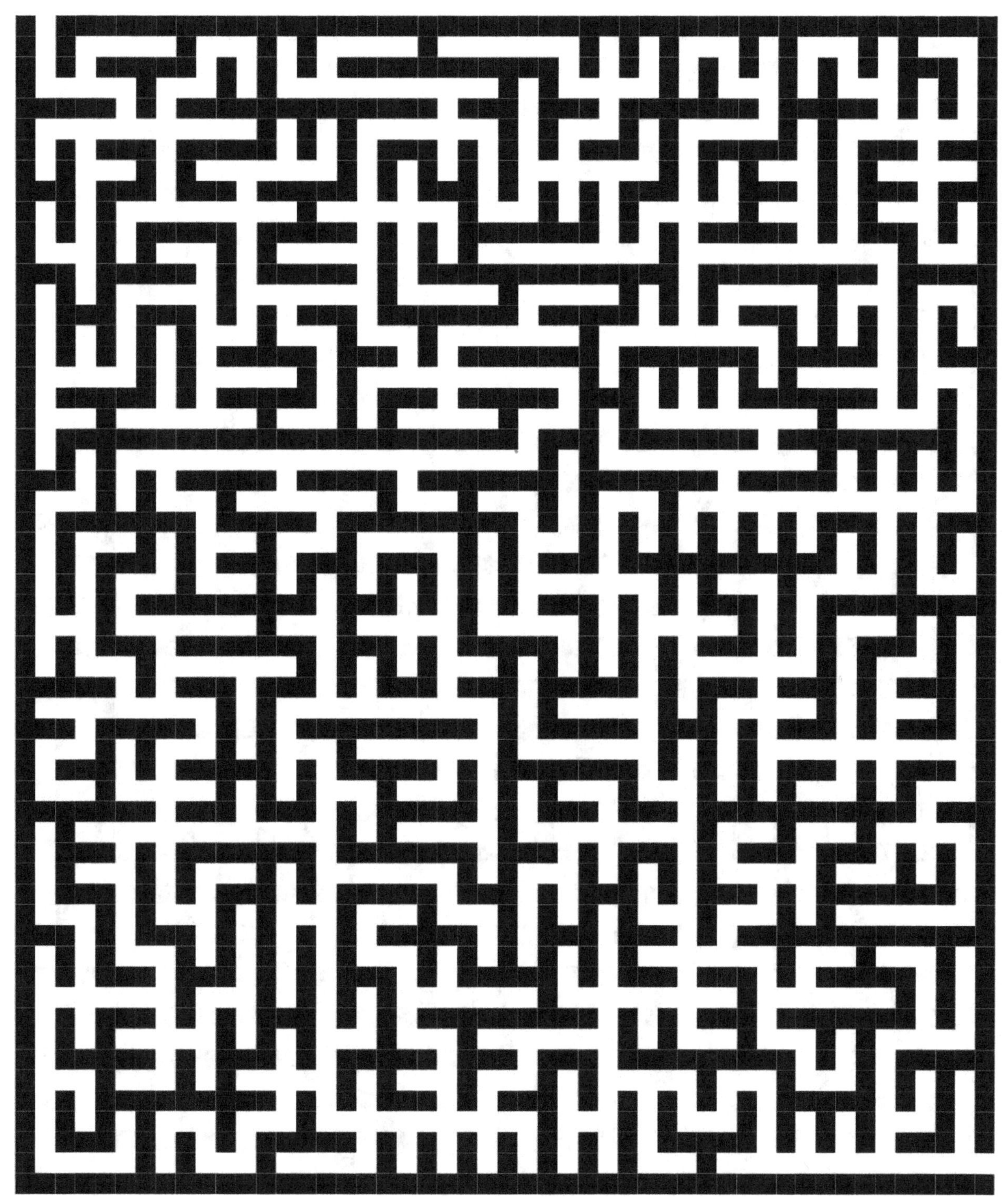

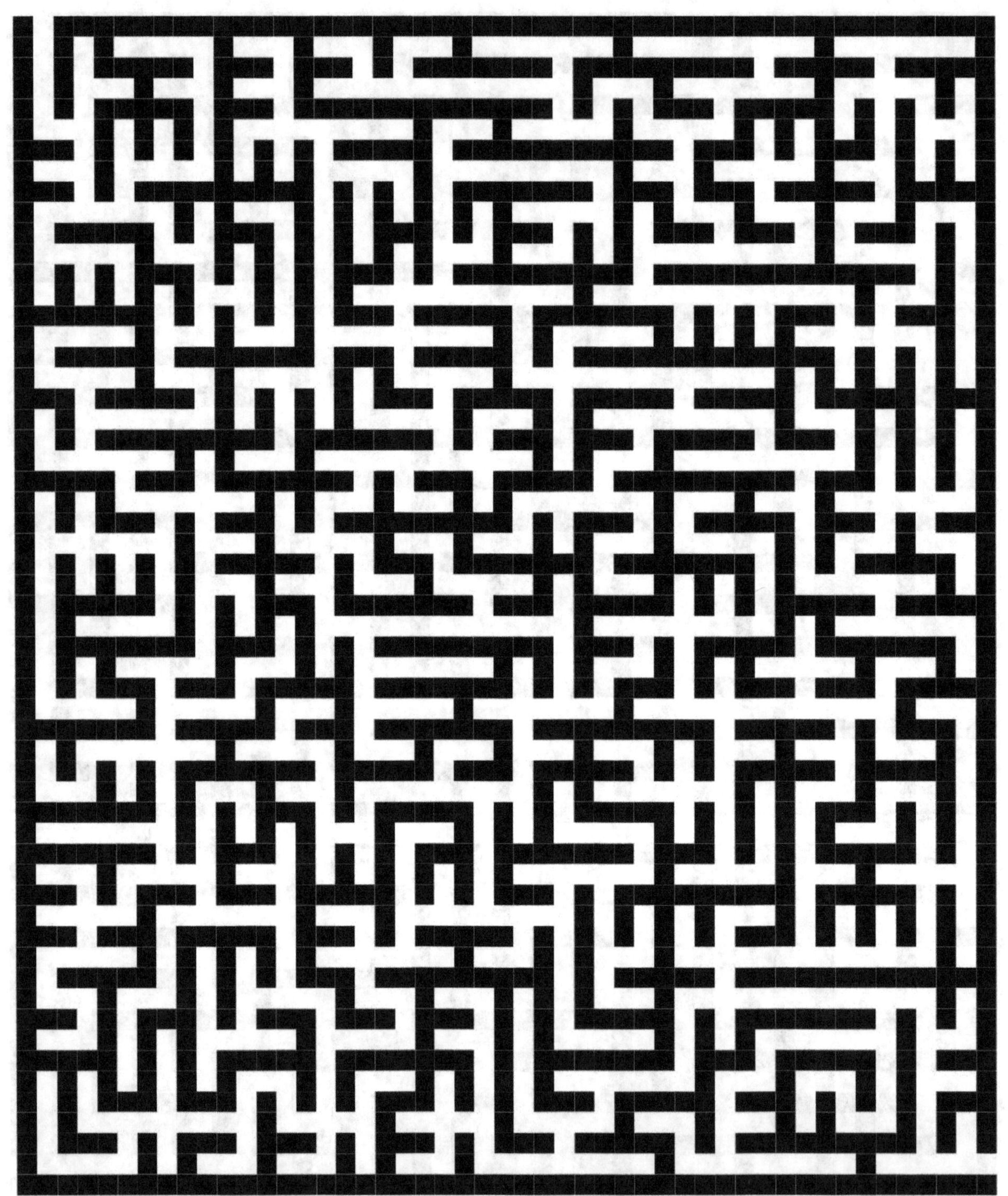

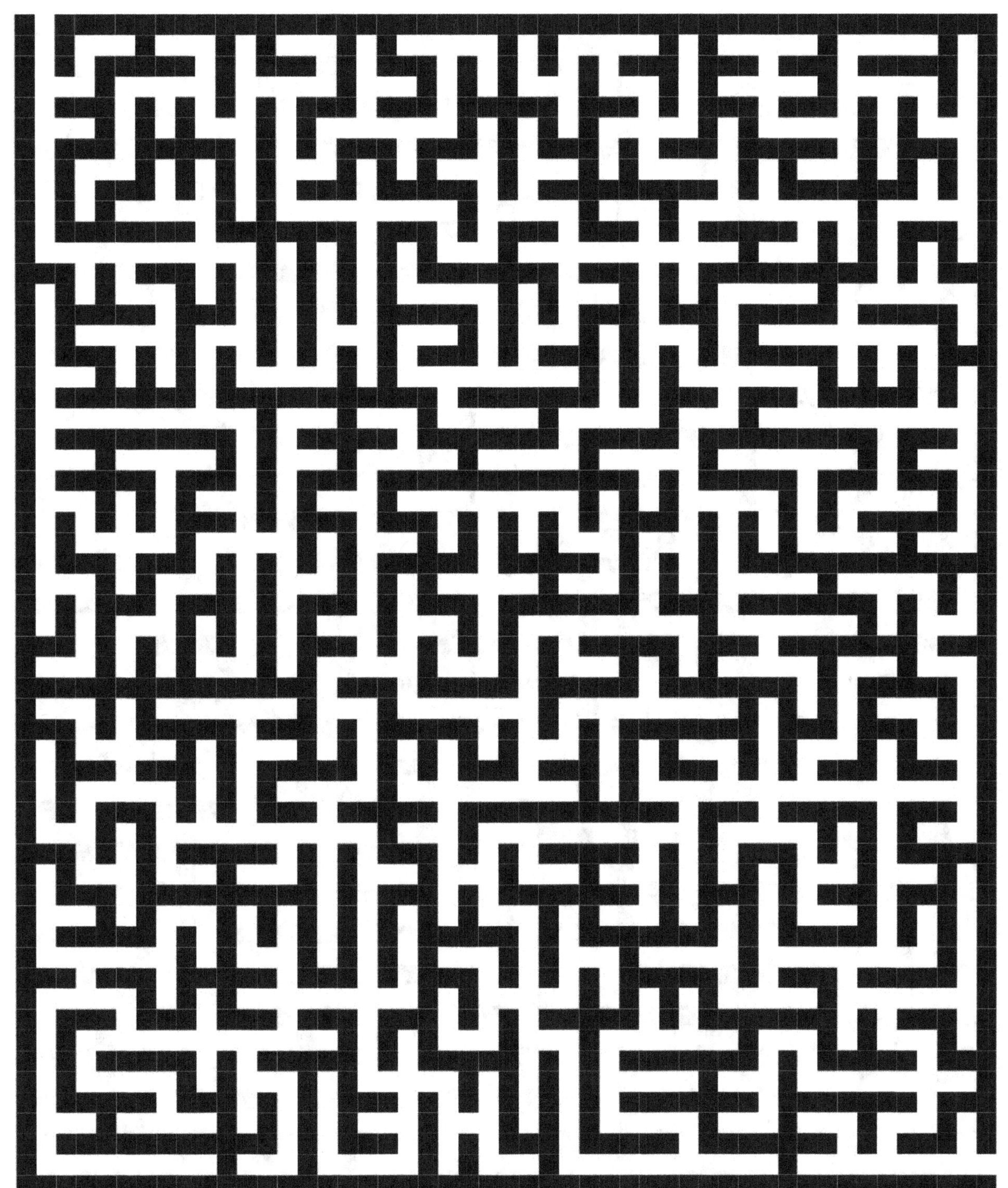

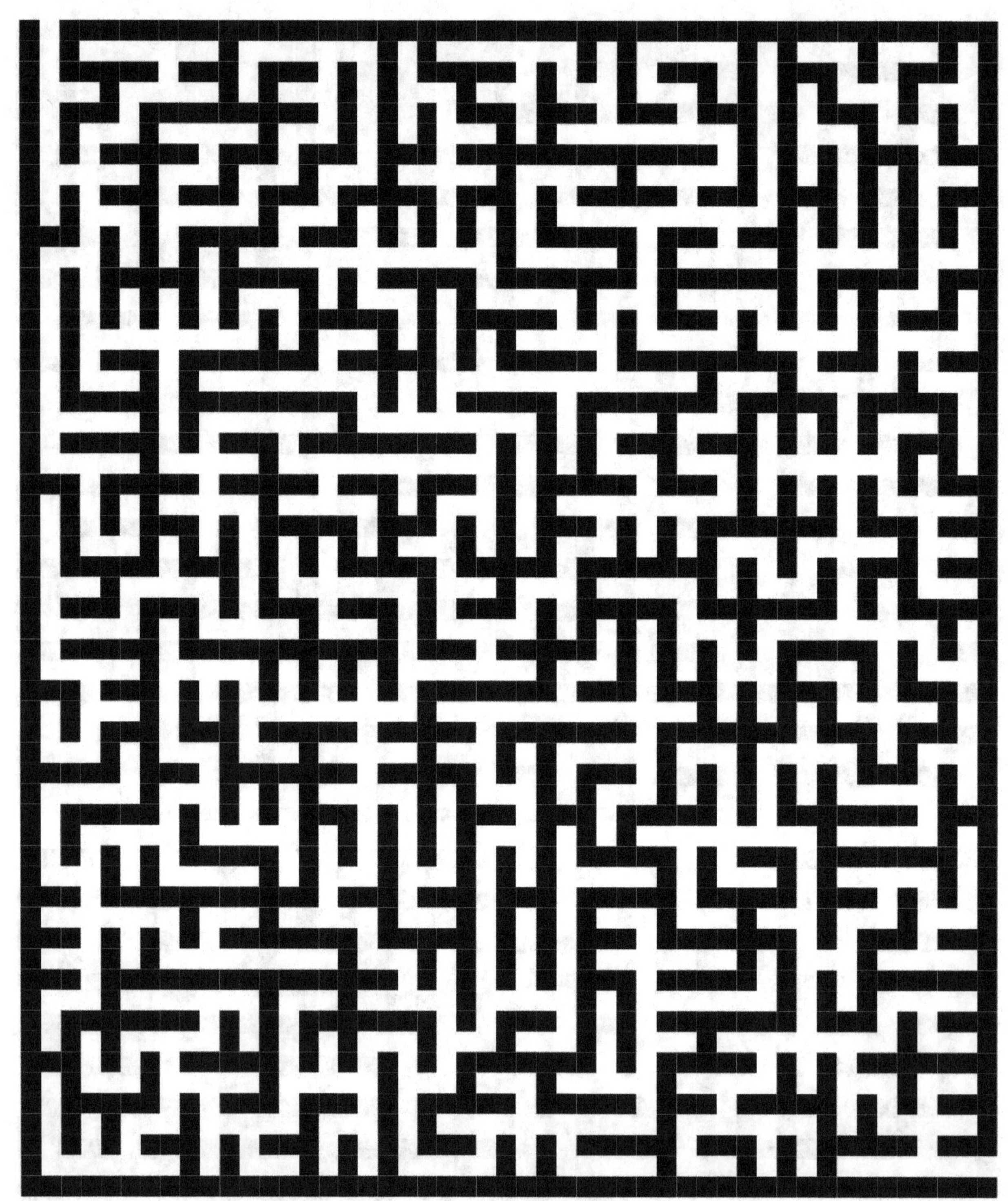

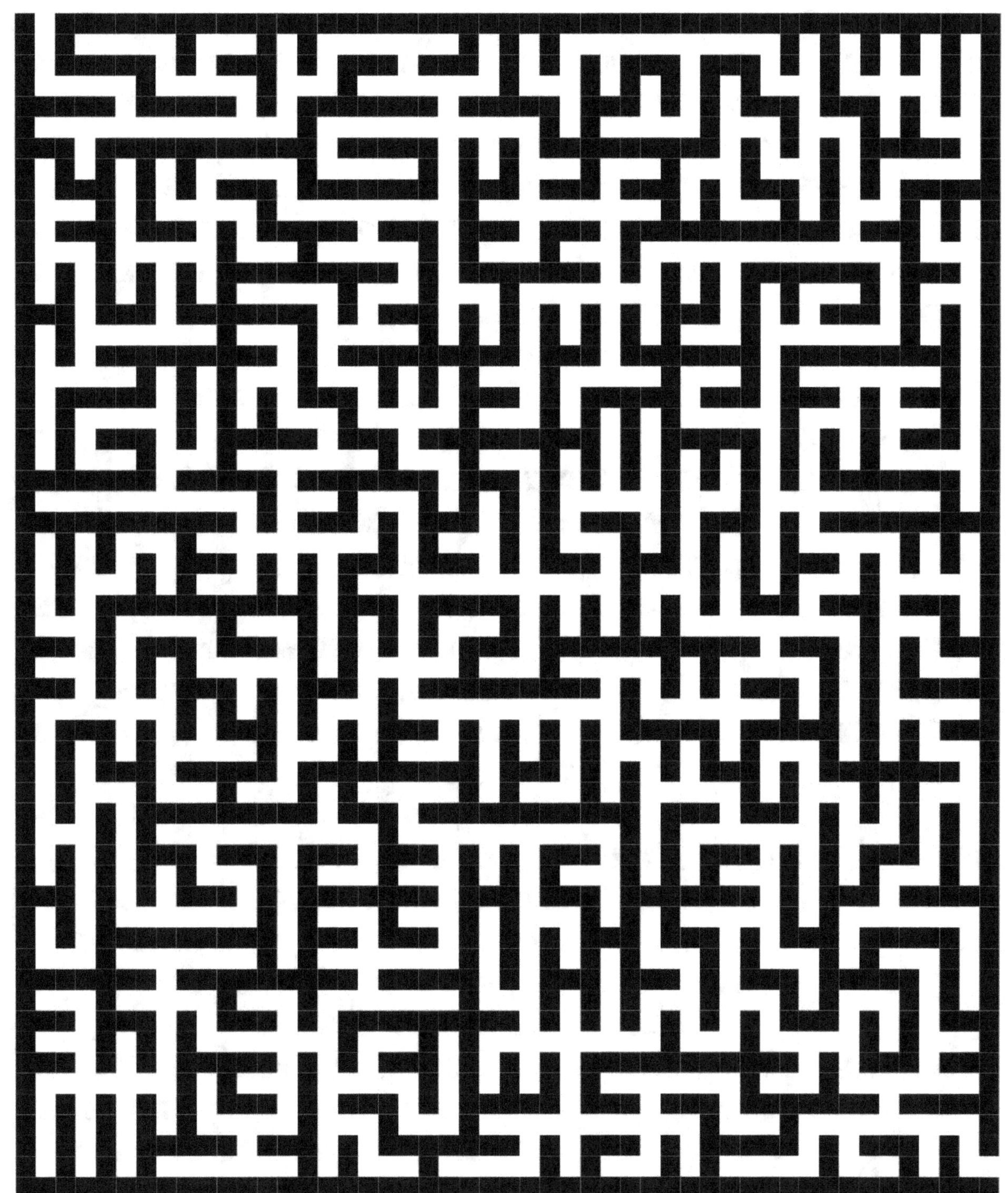

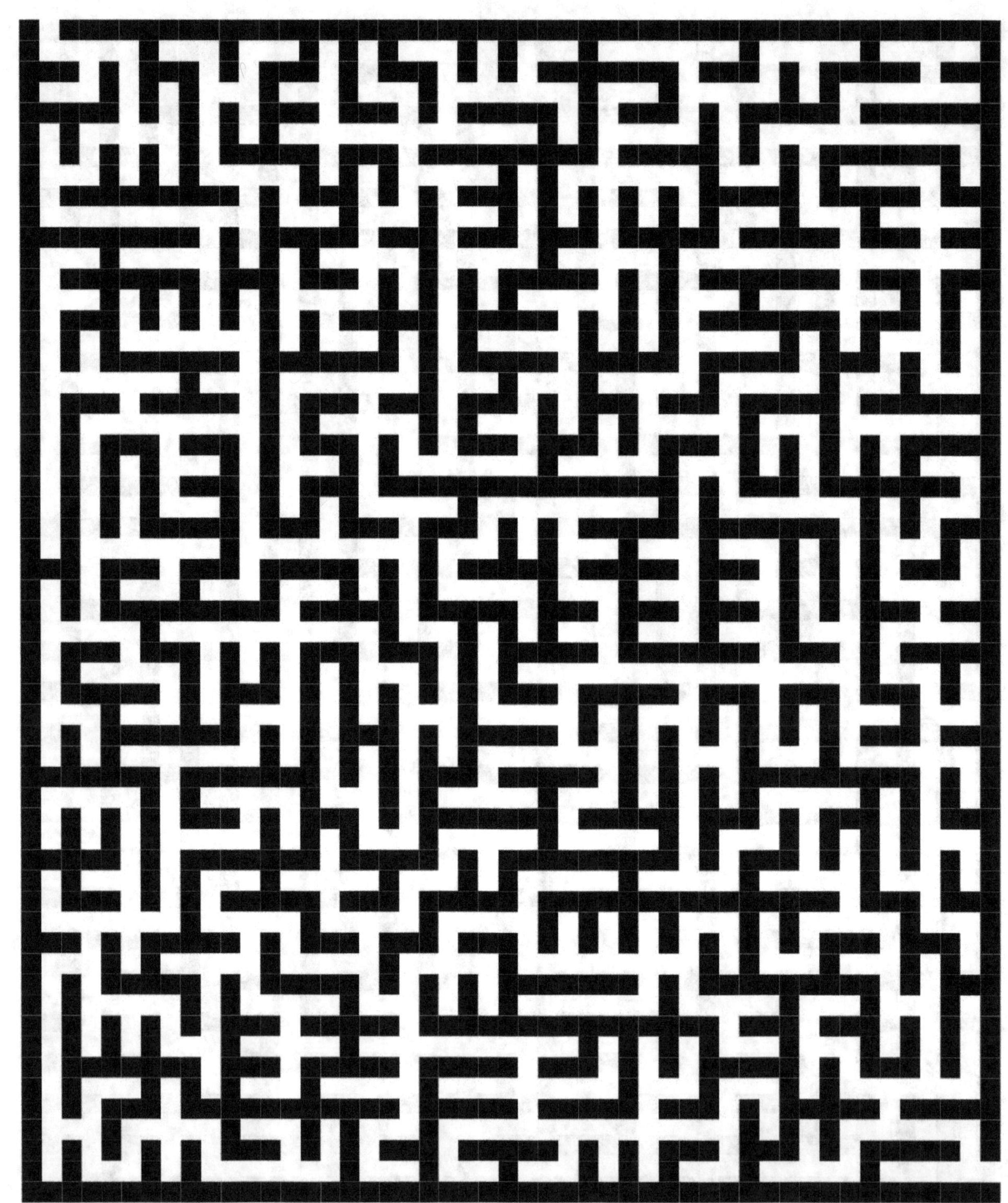

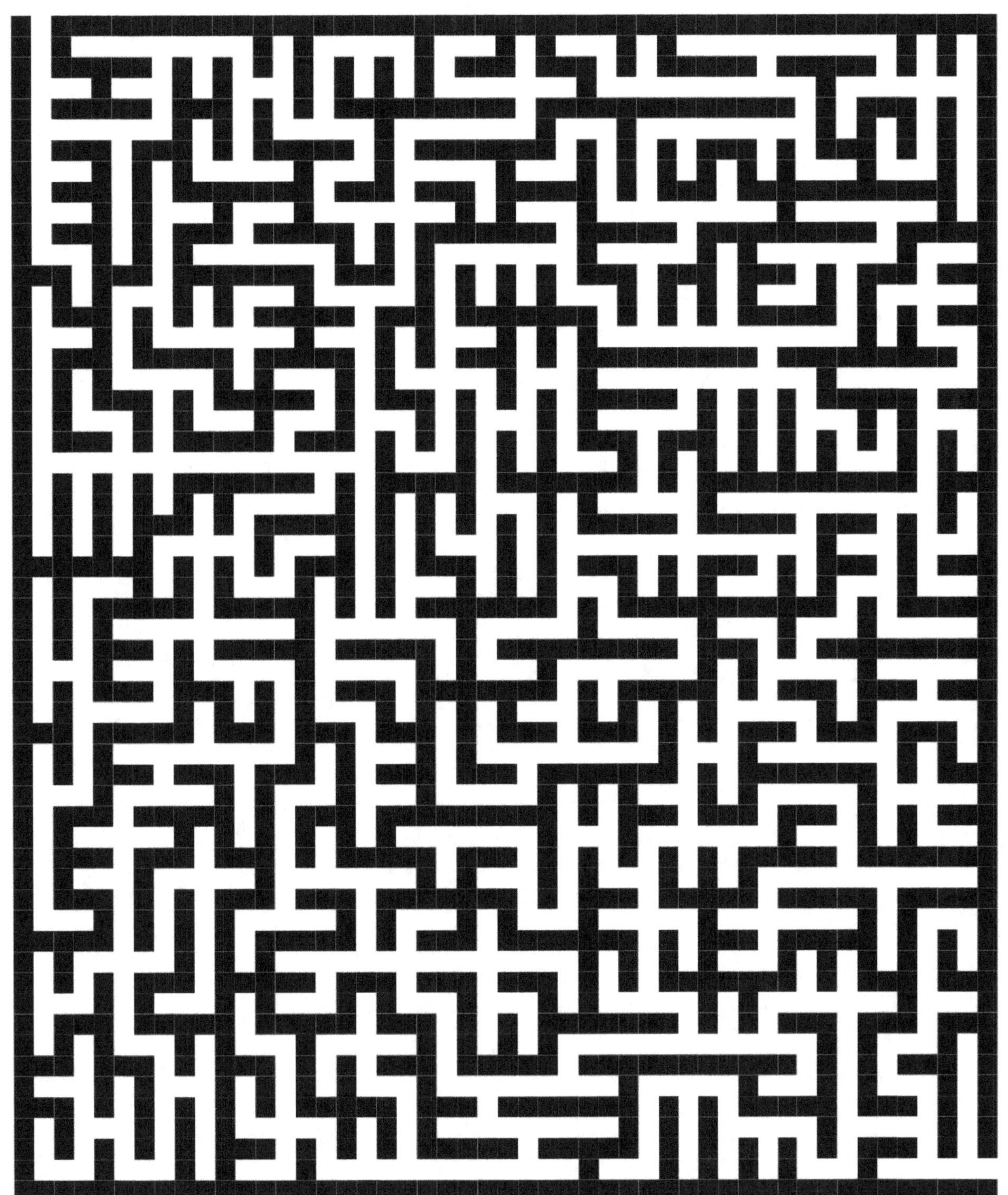

Solutions

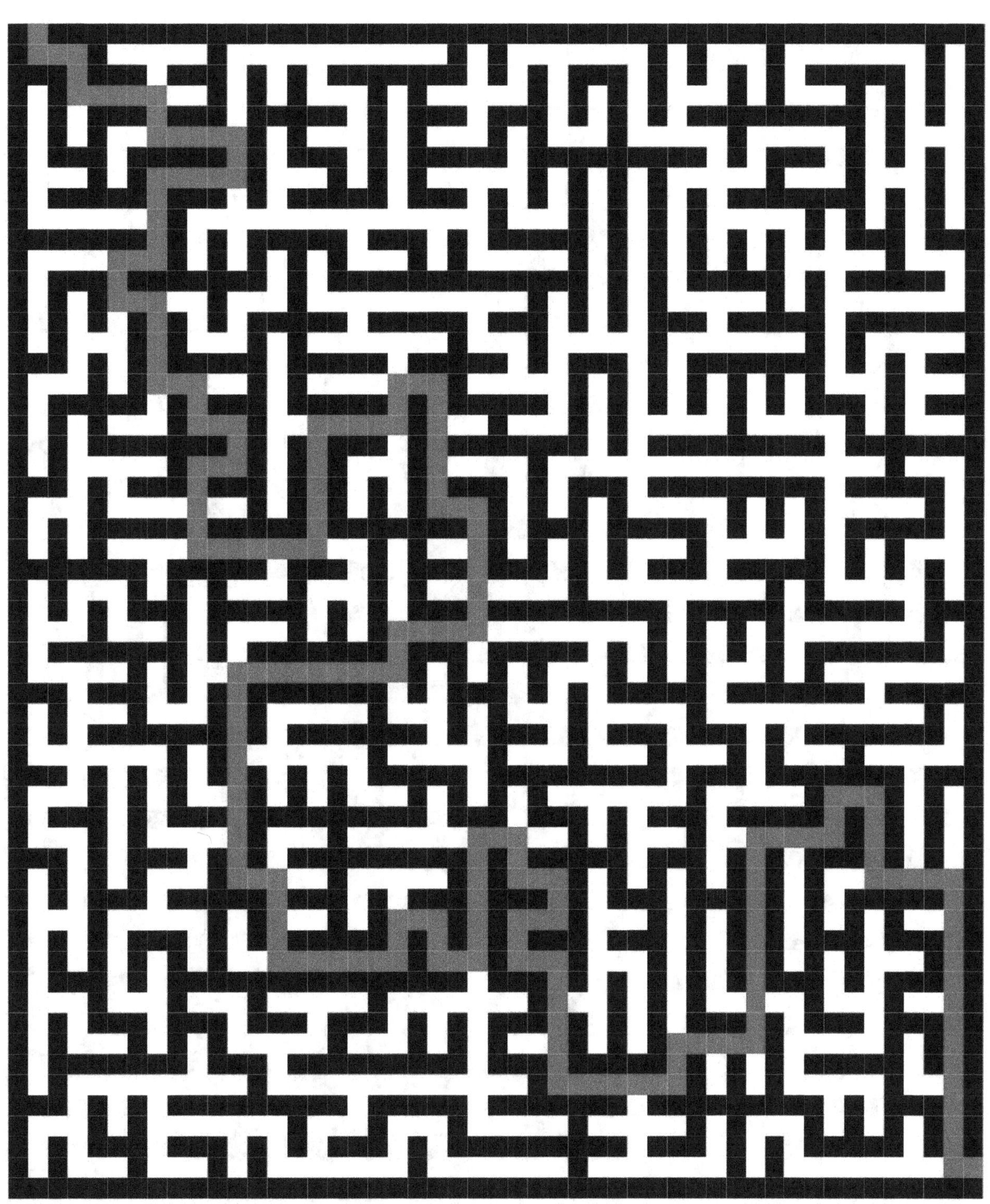

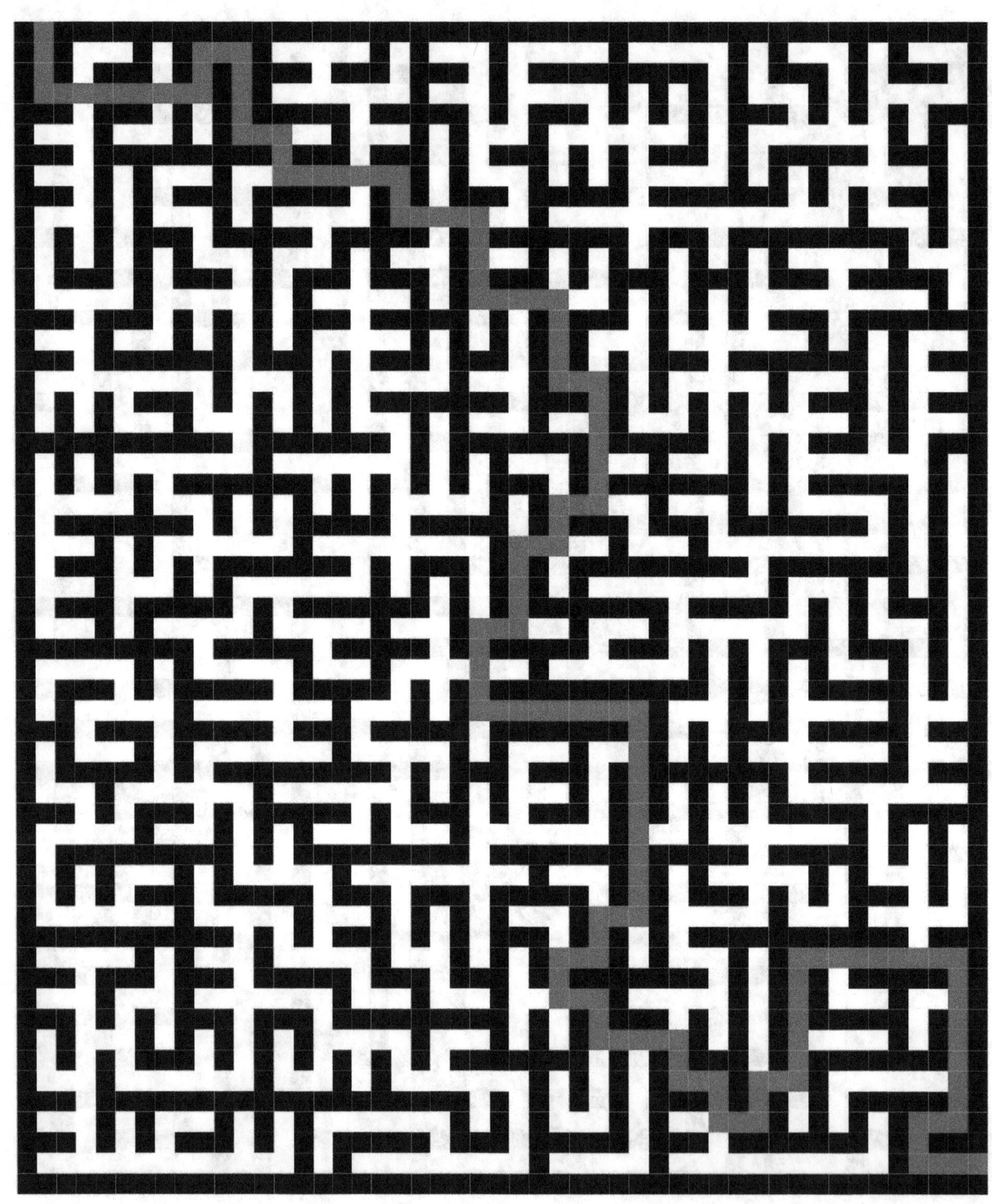

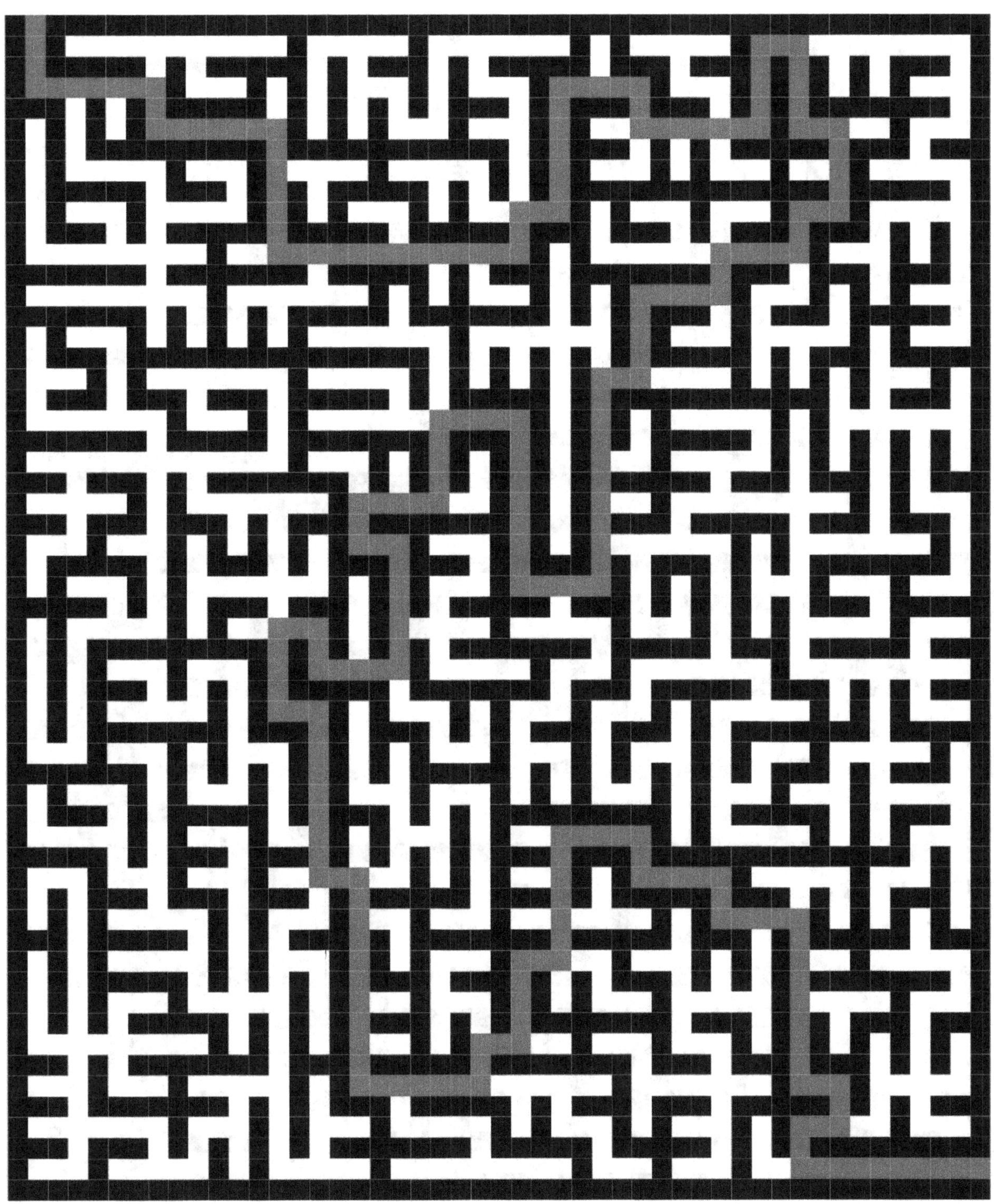

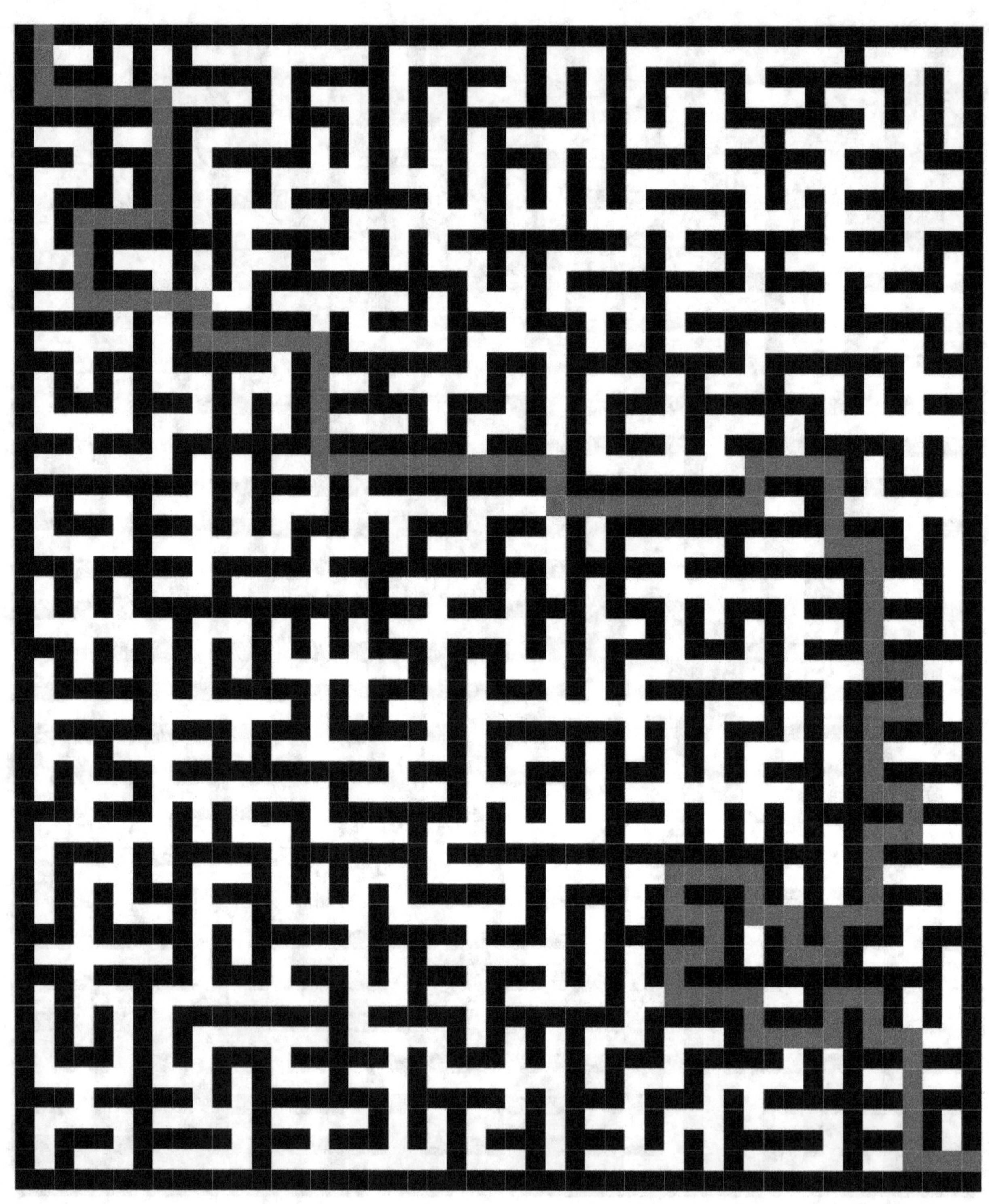

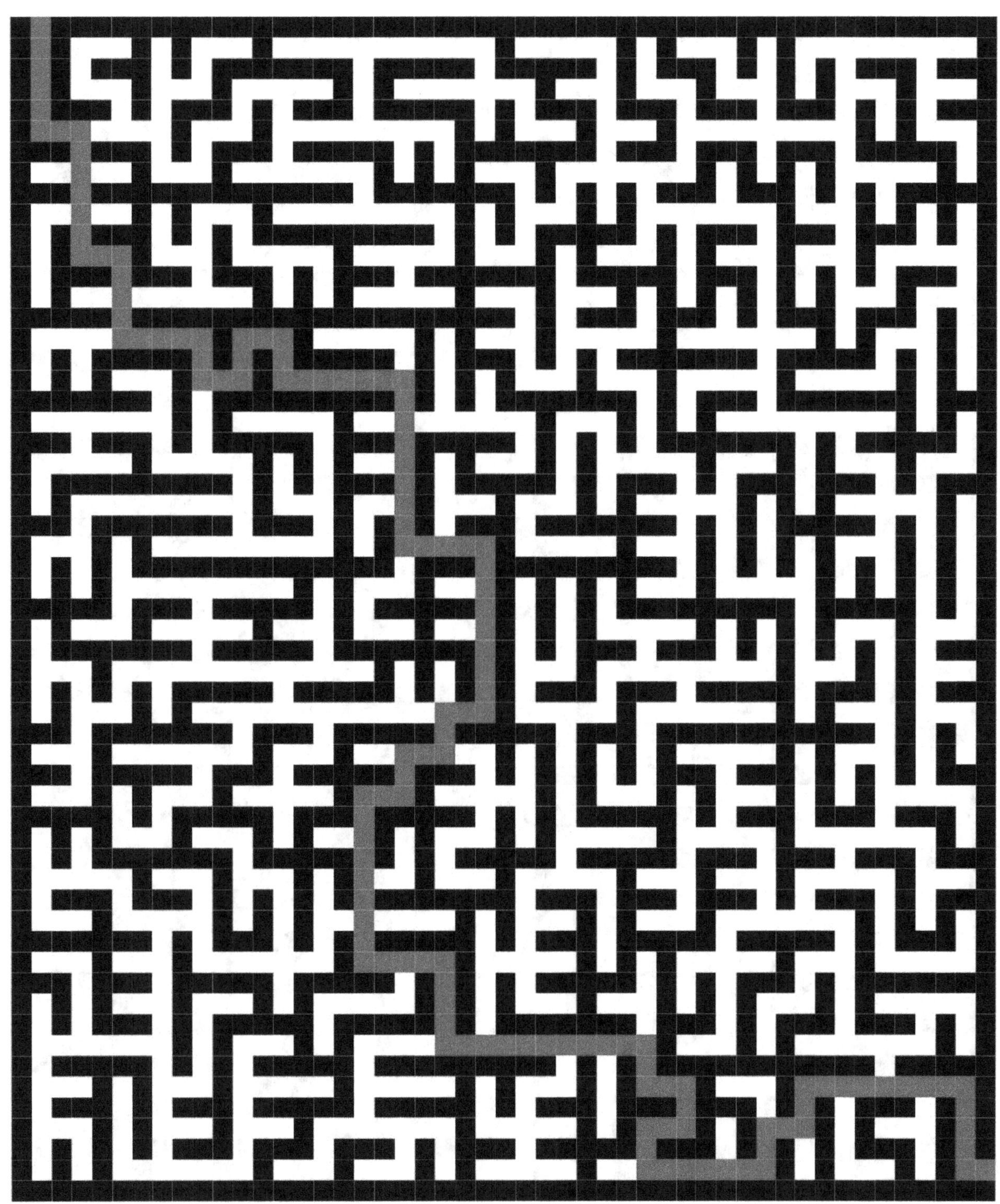

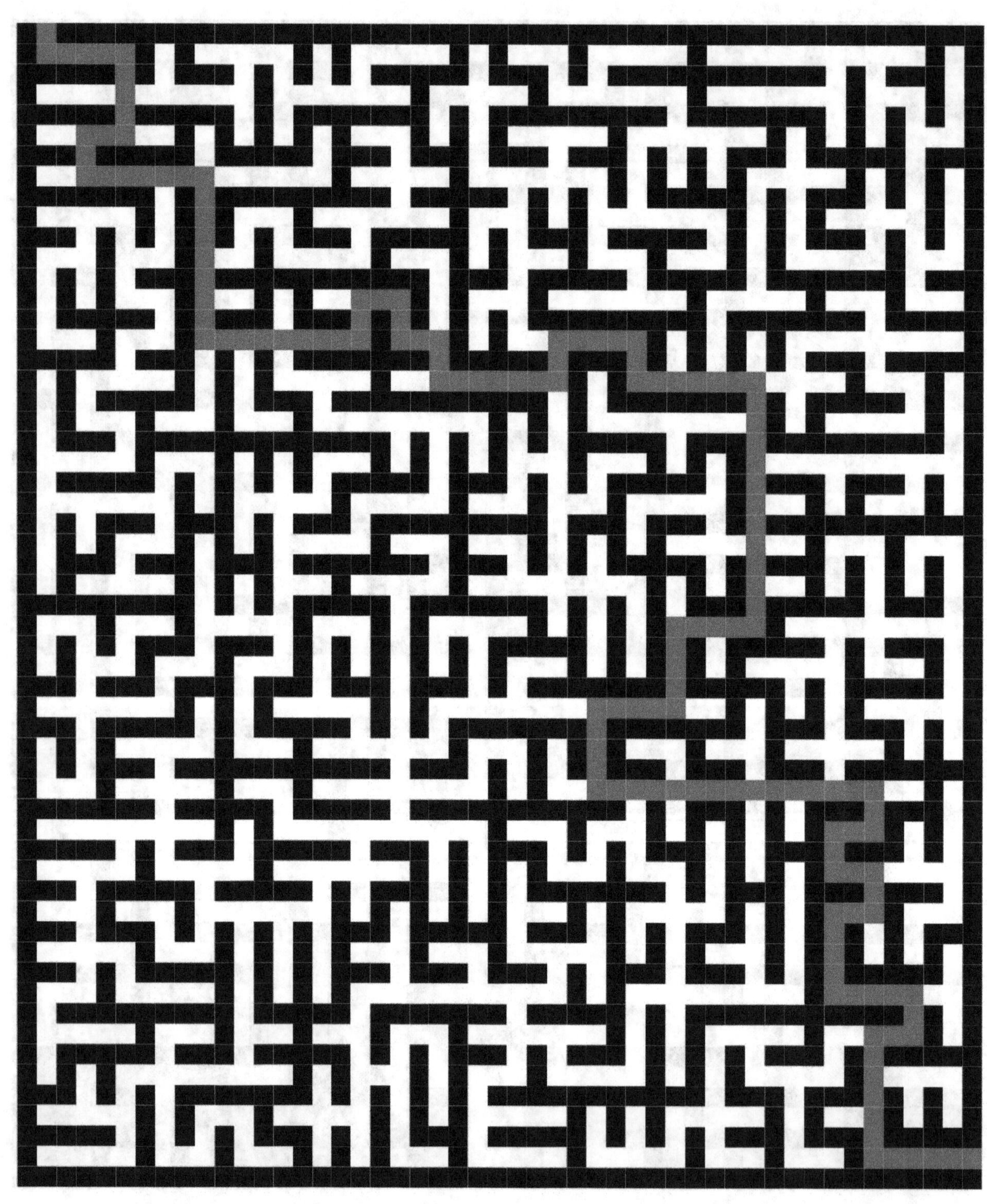

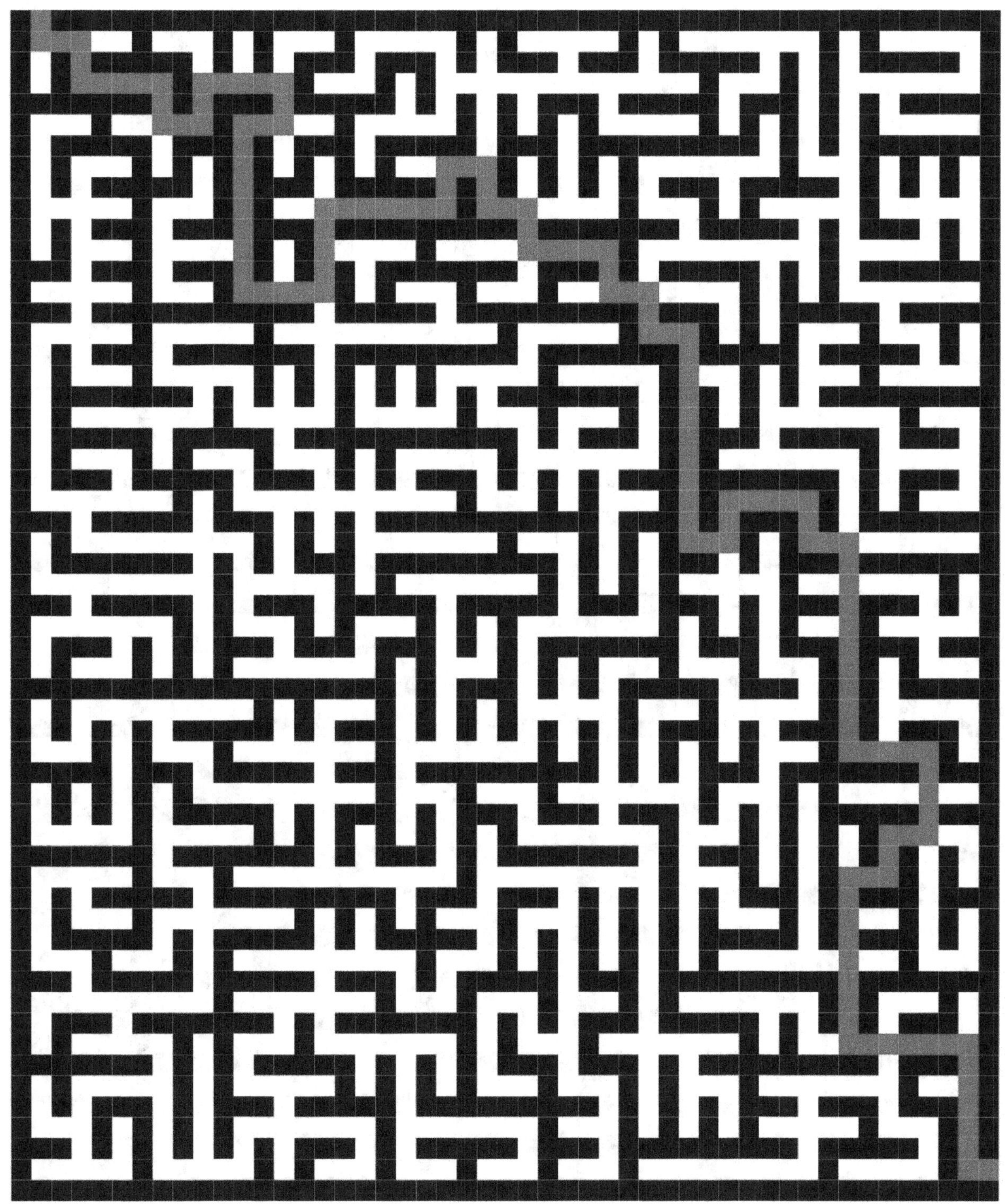

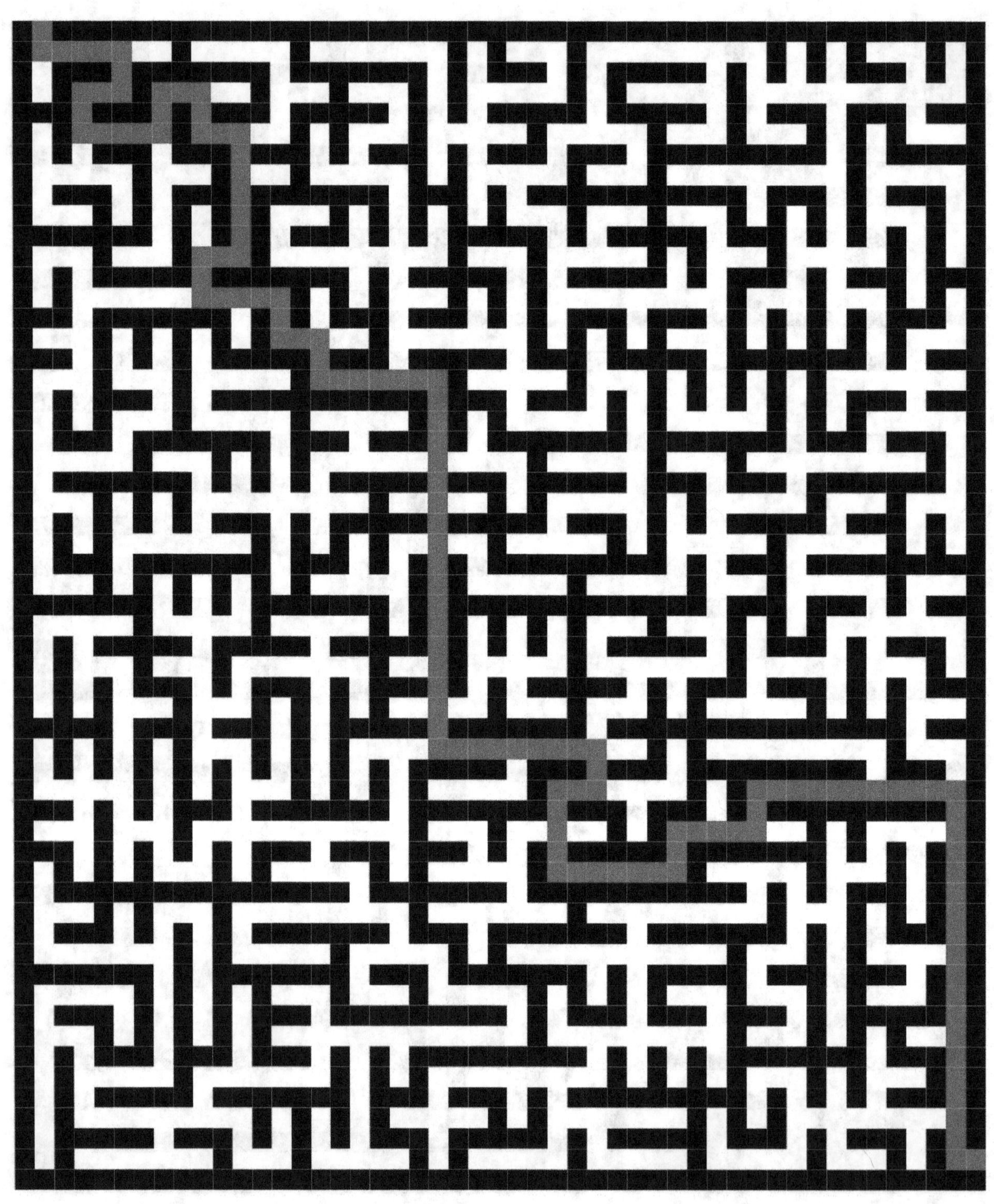

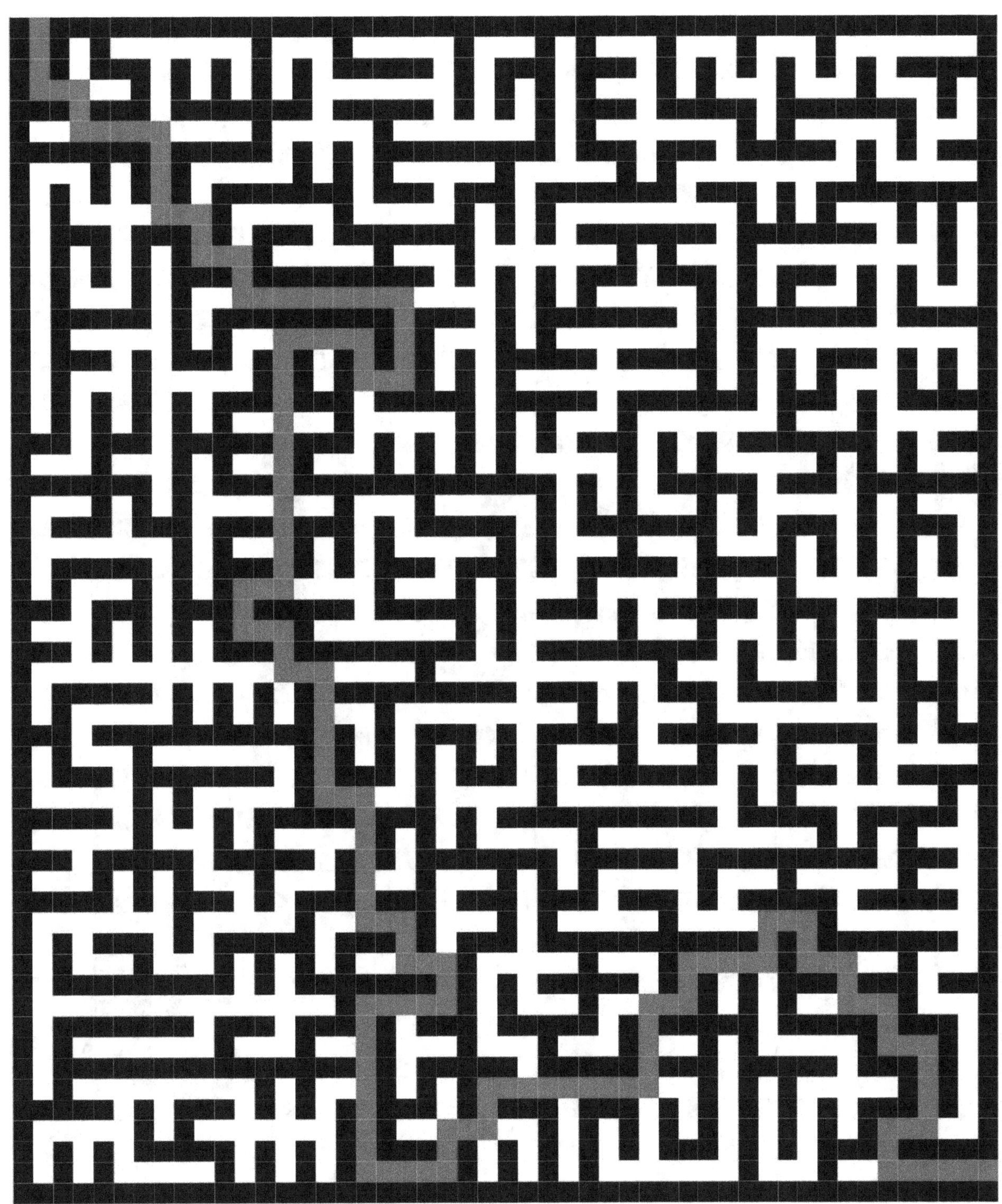

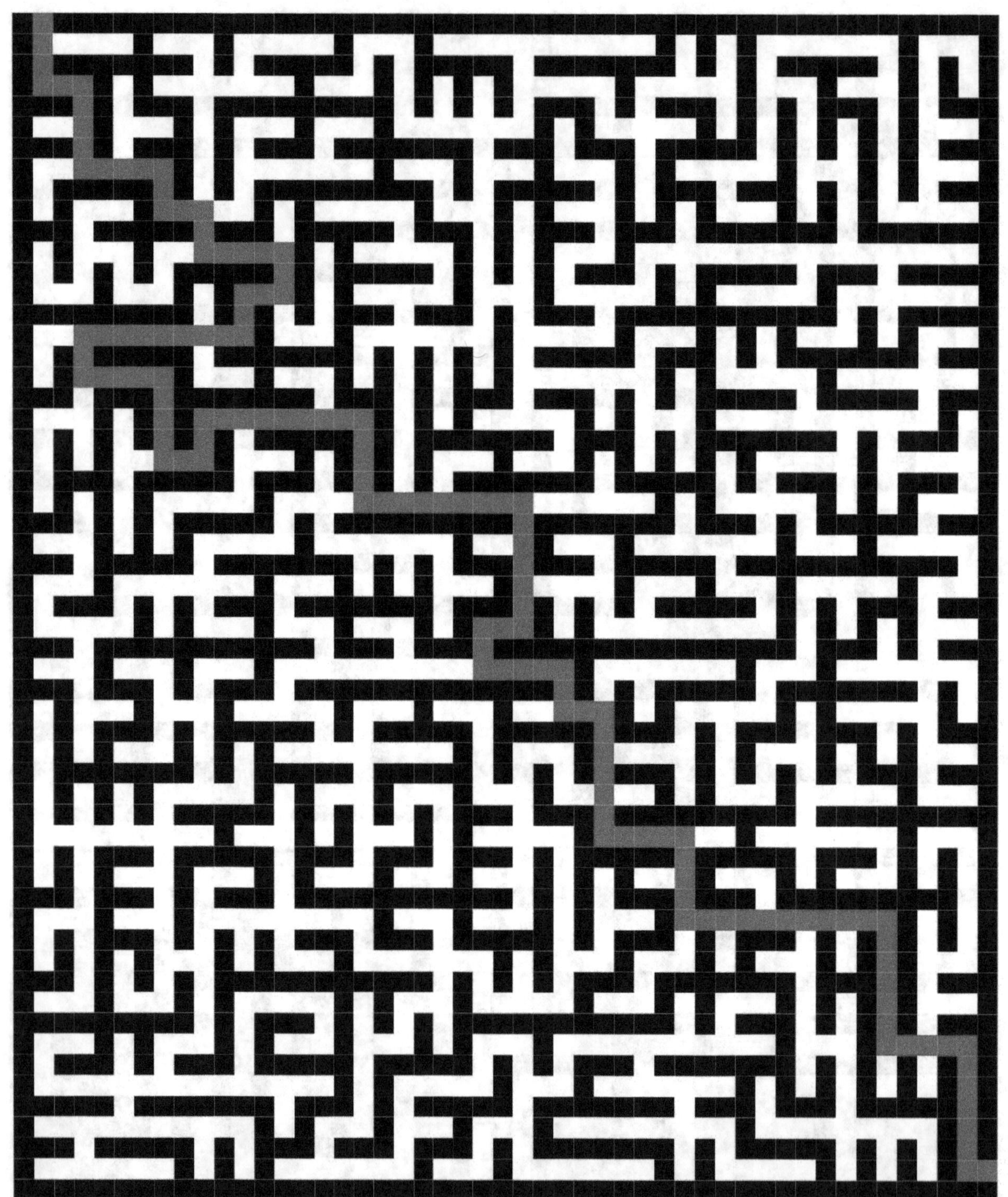

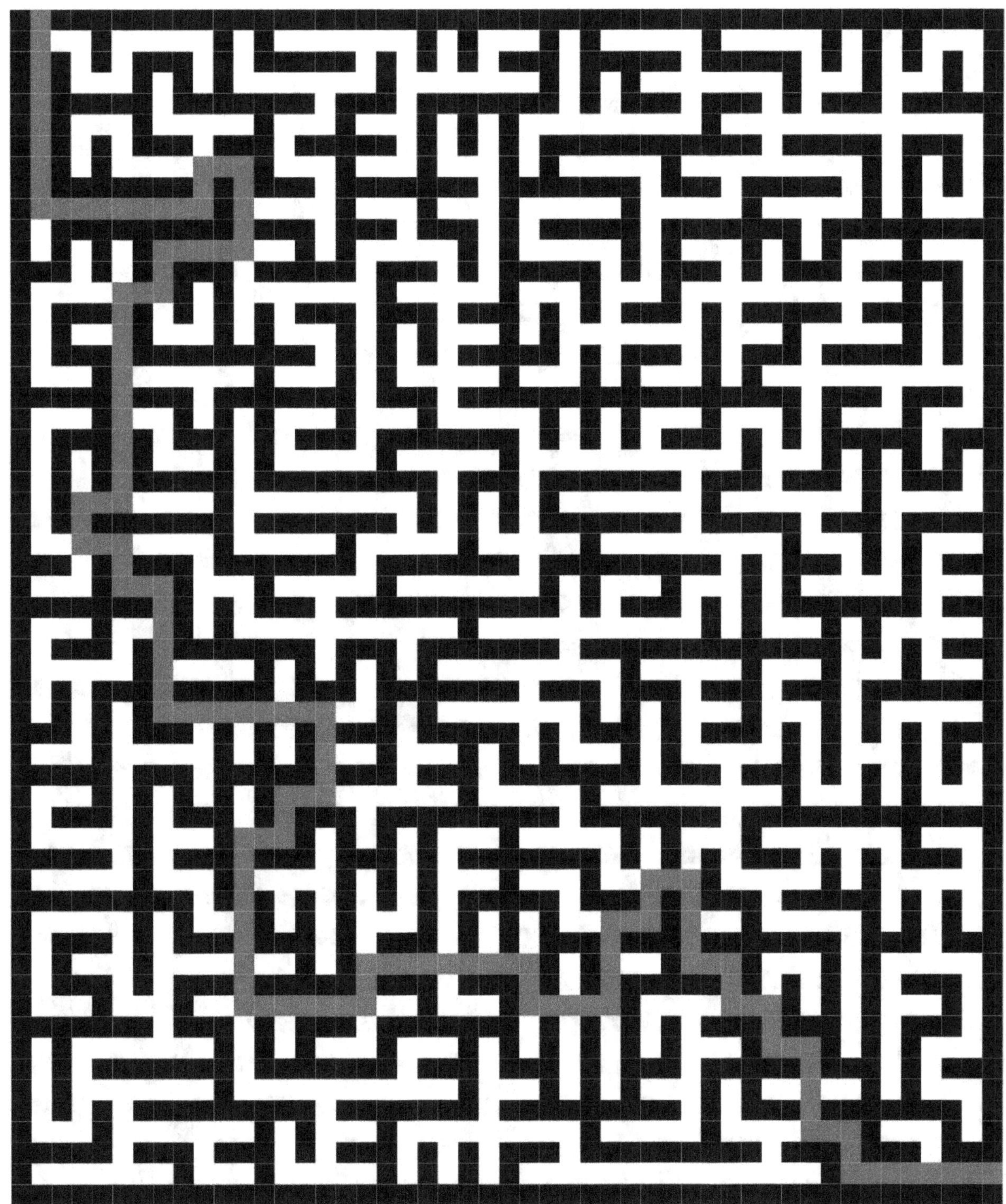

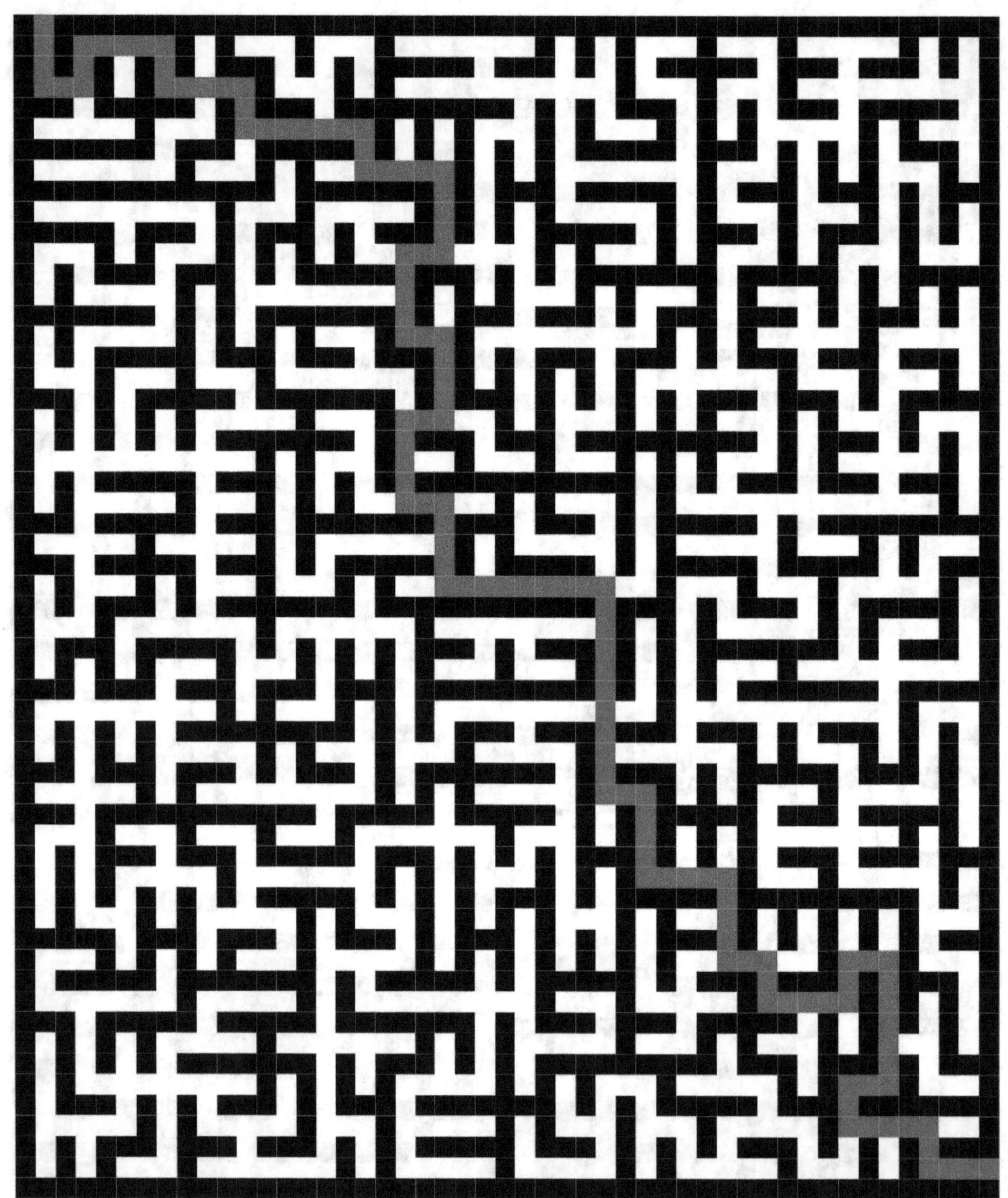

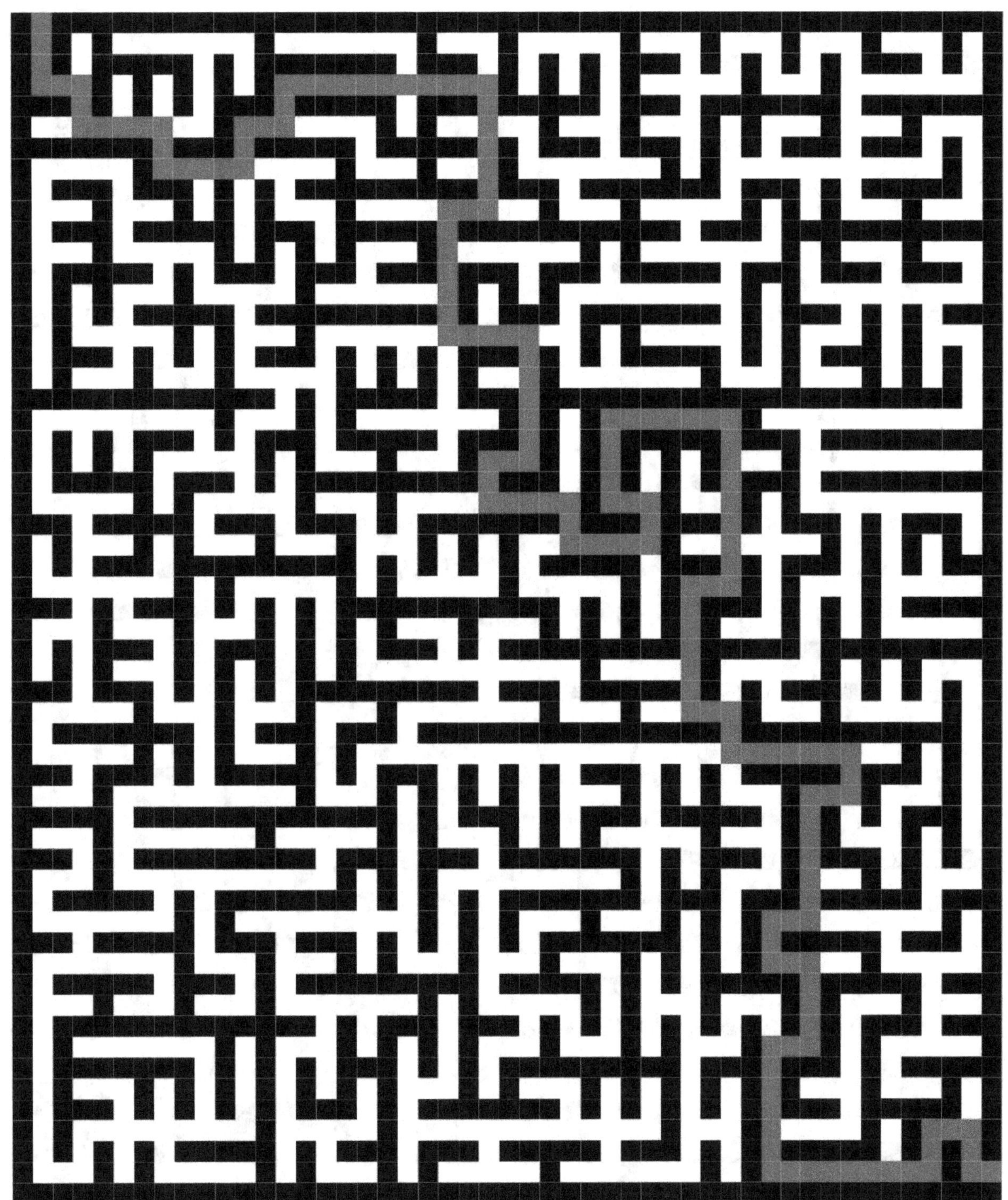

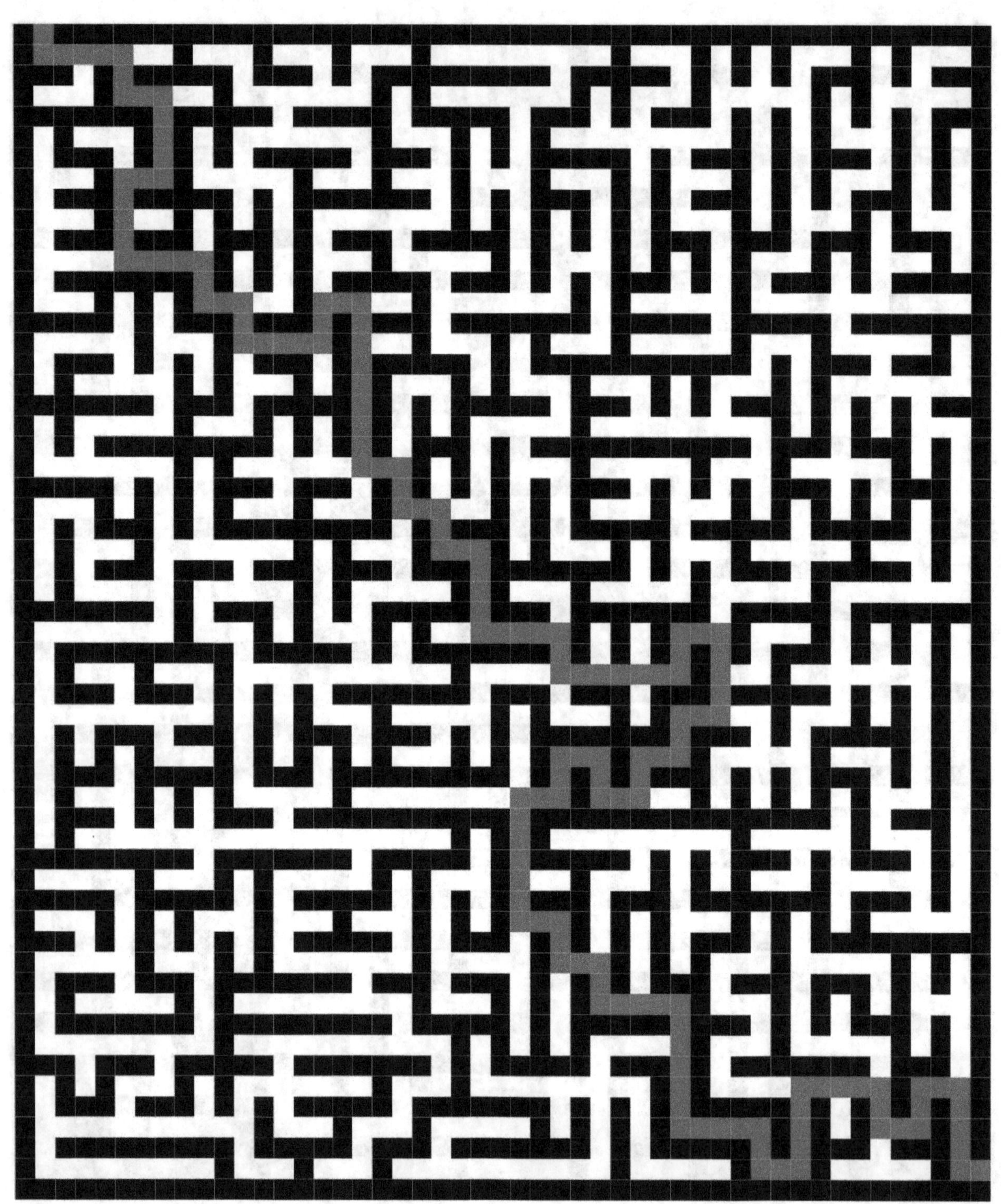

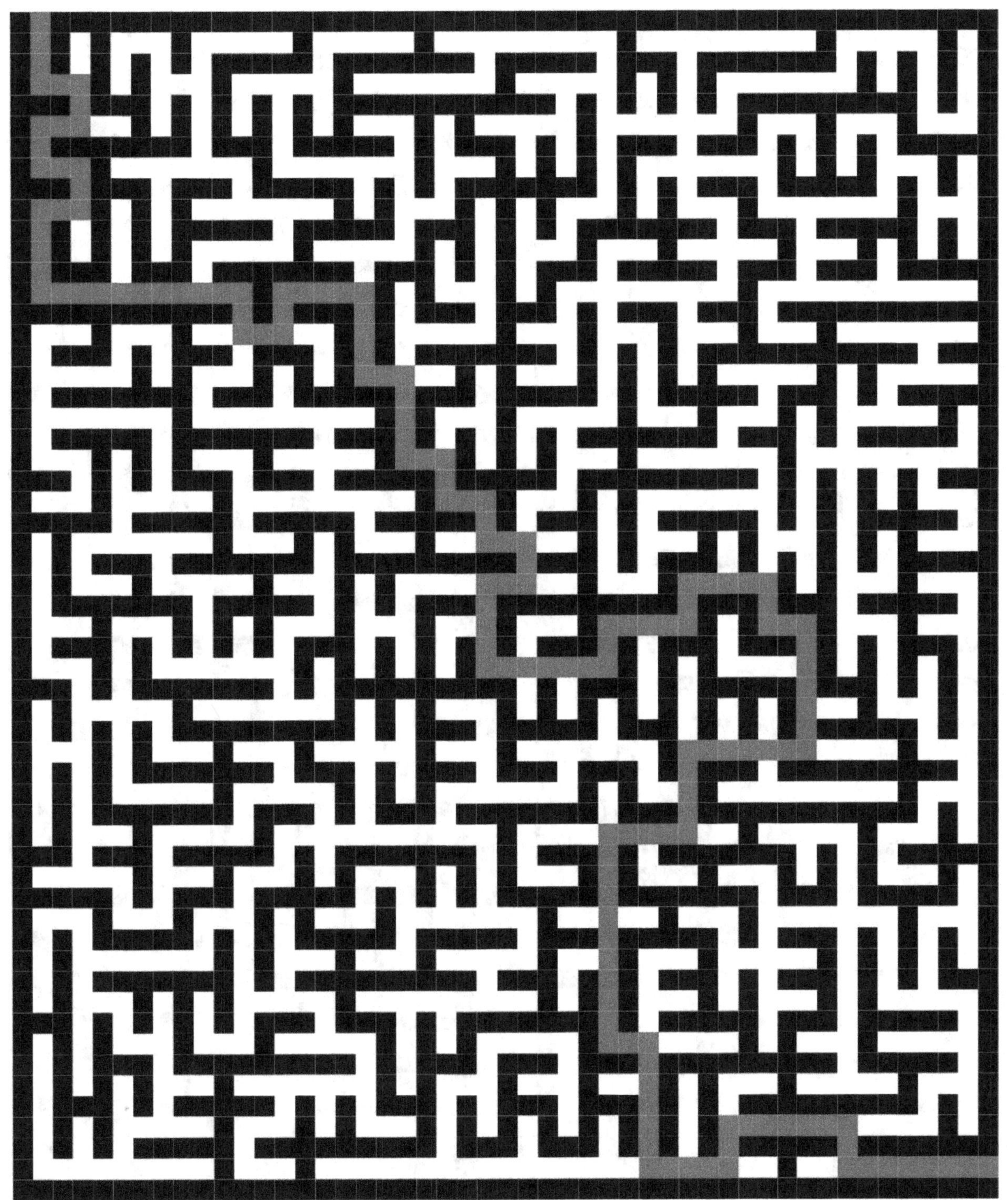

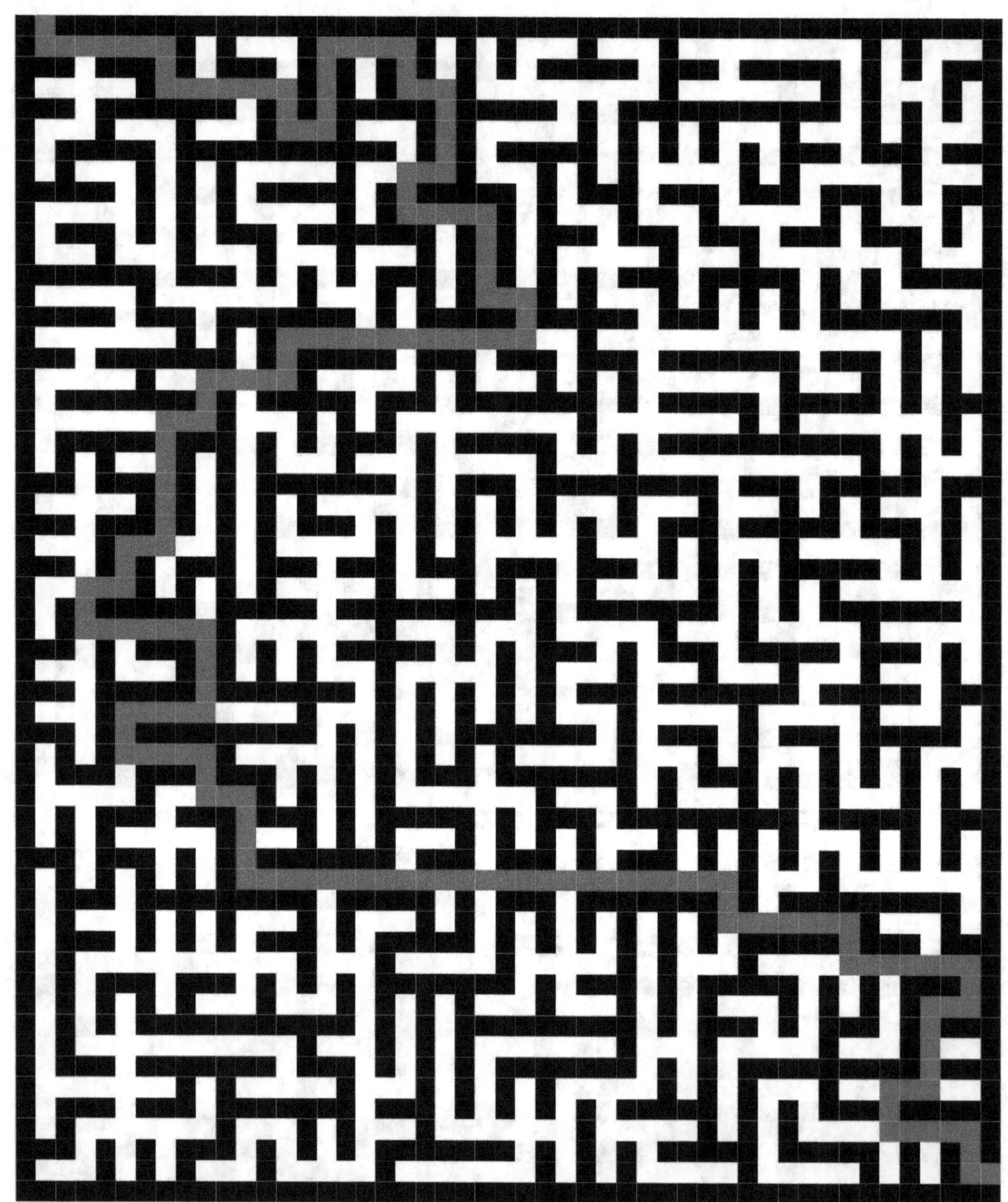

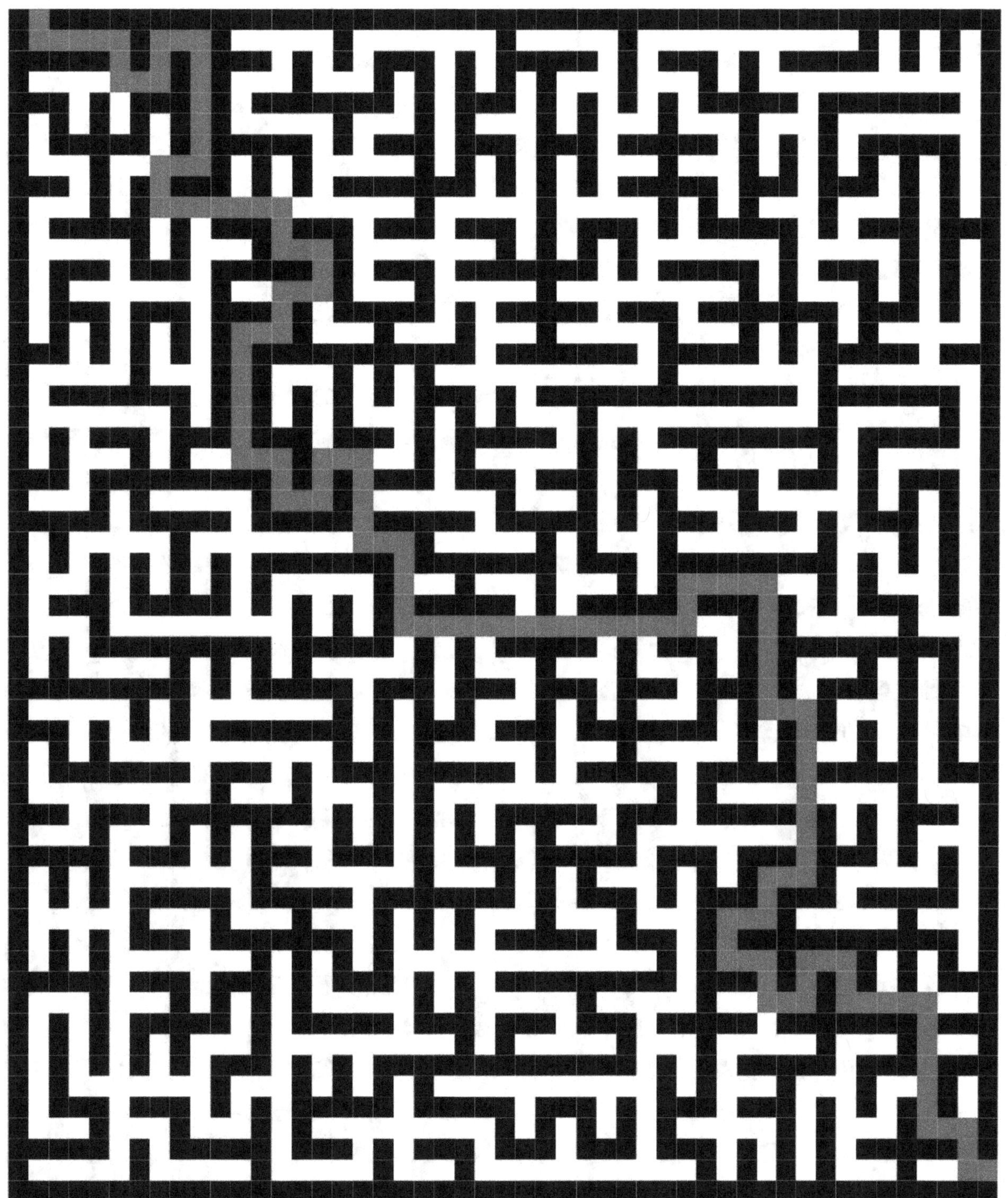

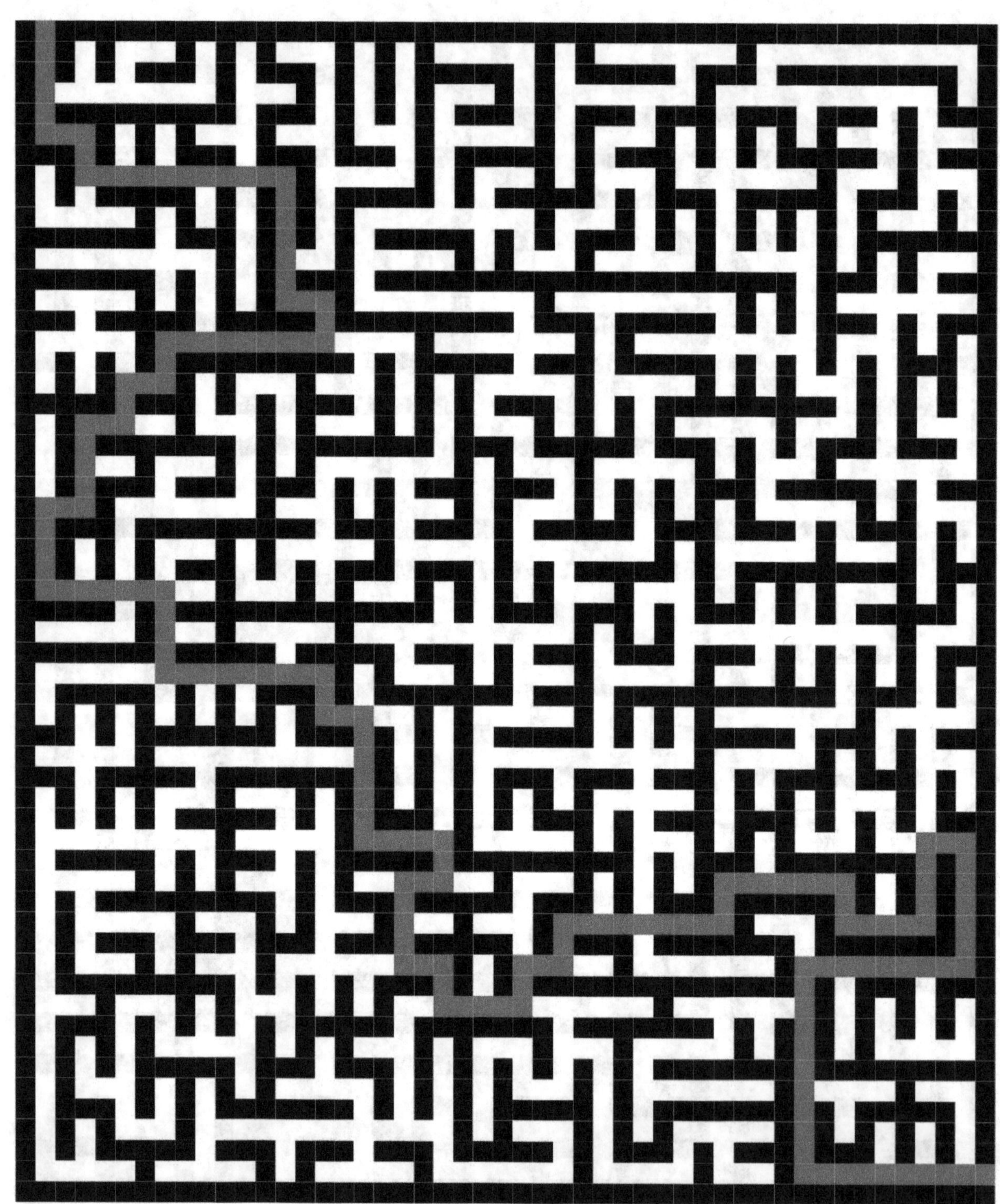

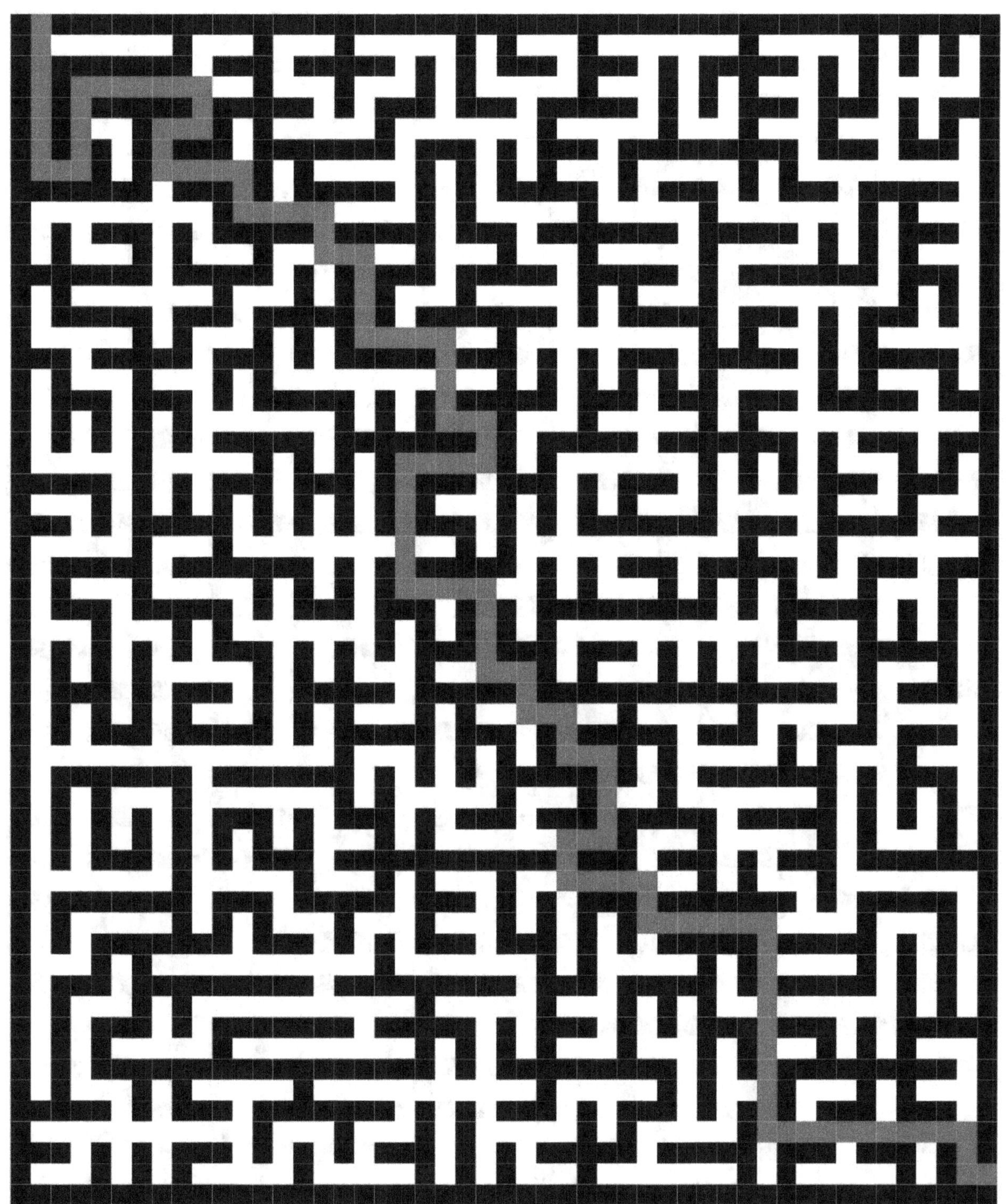

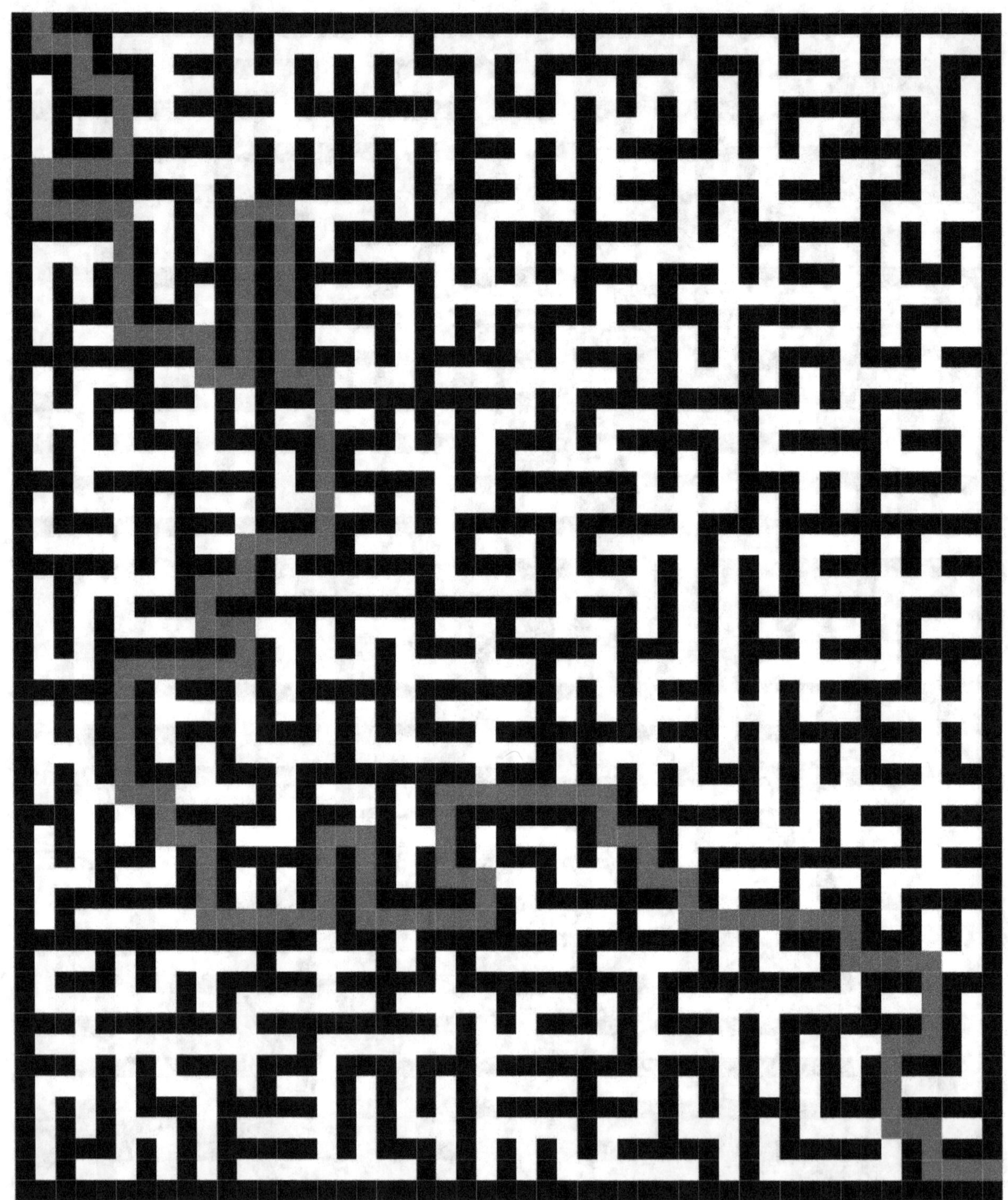

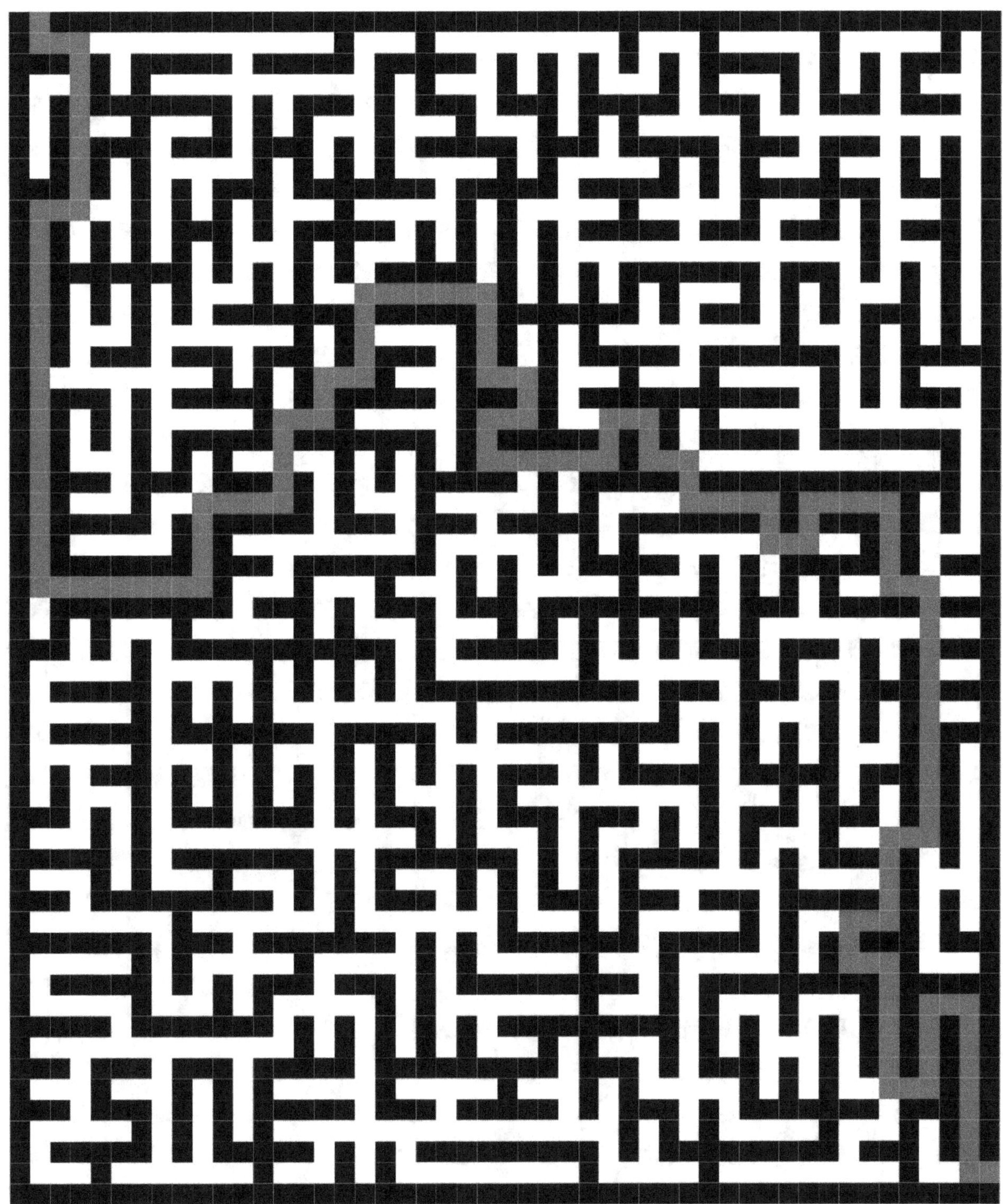

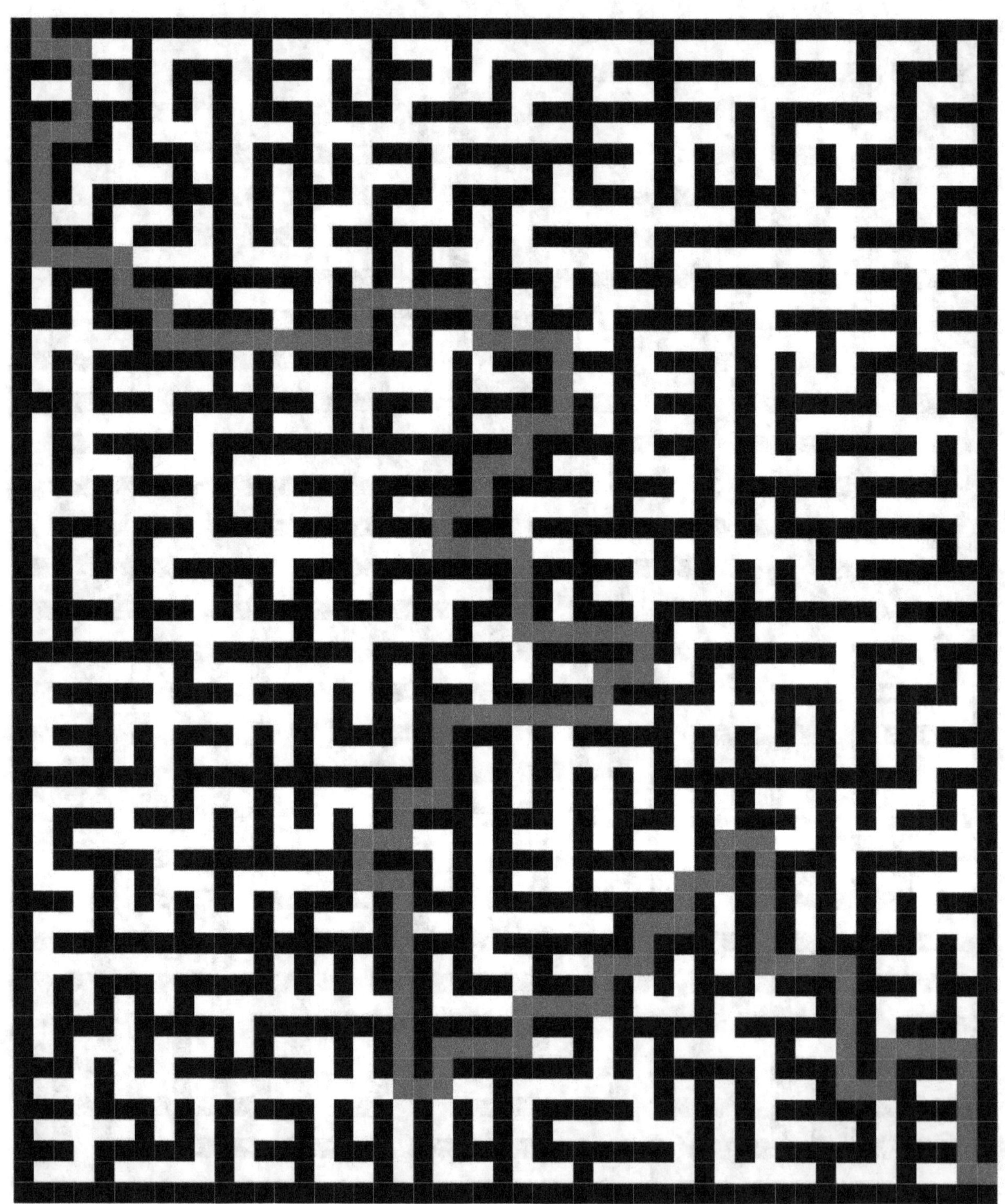

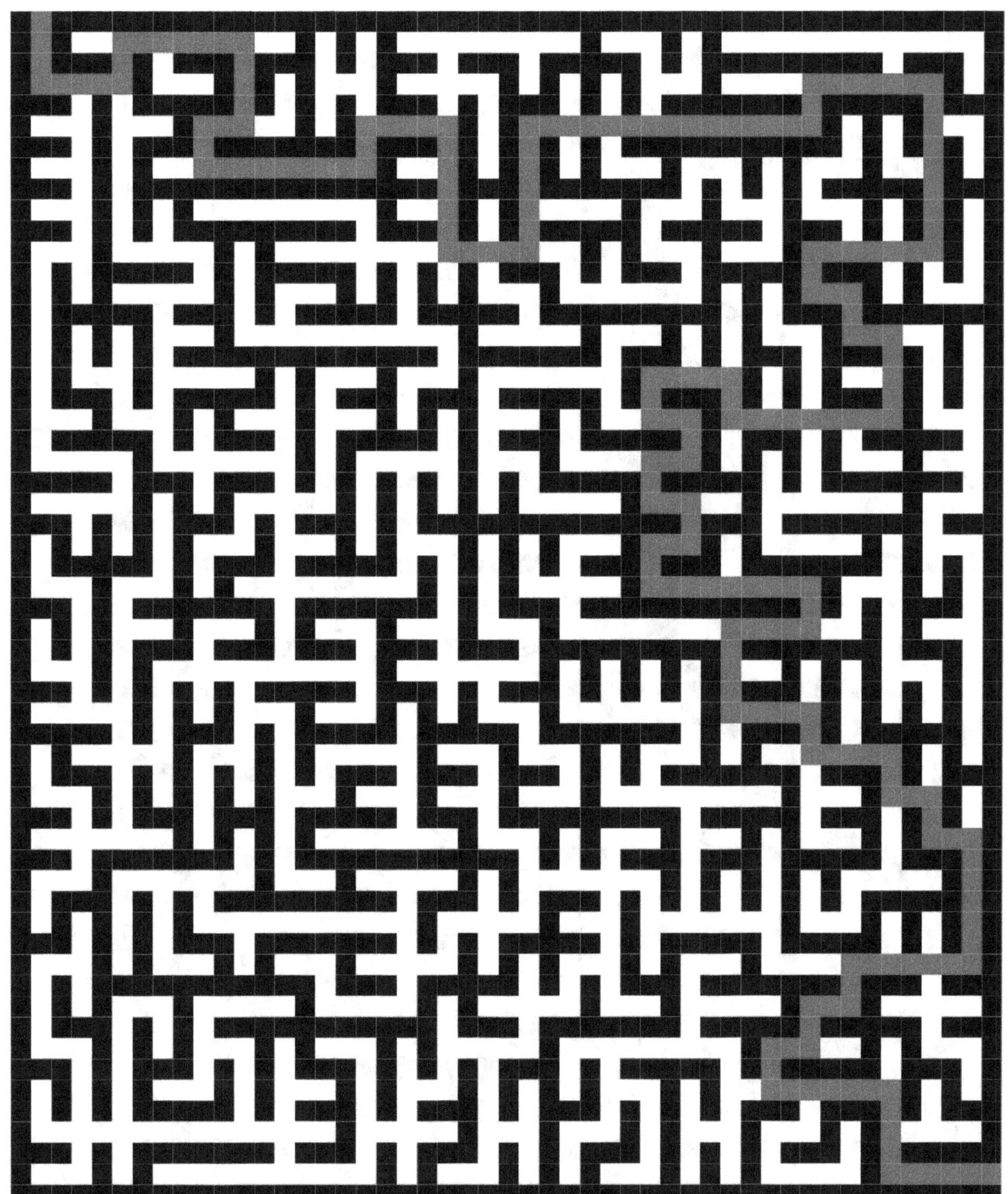

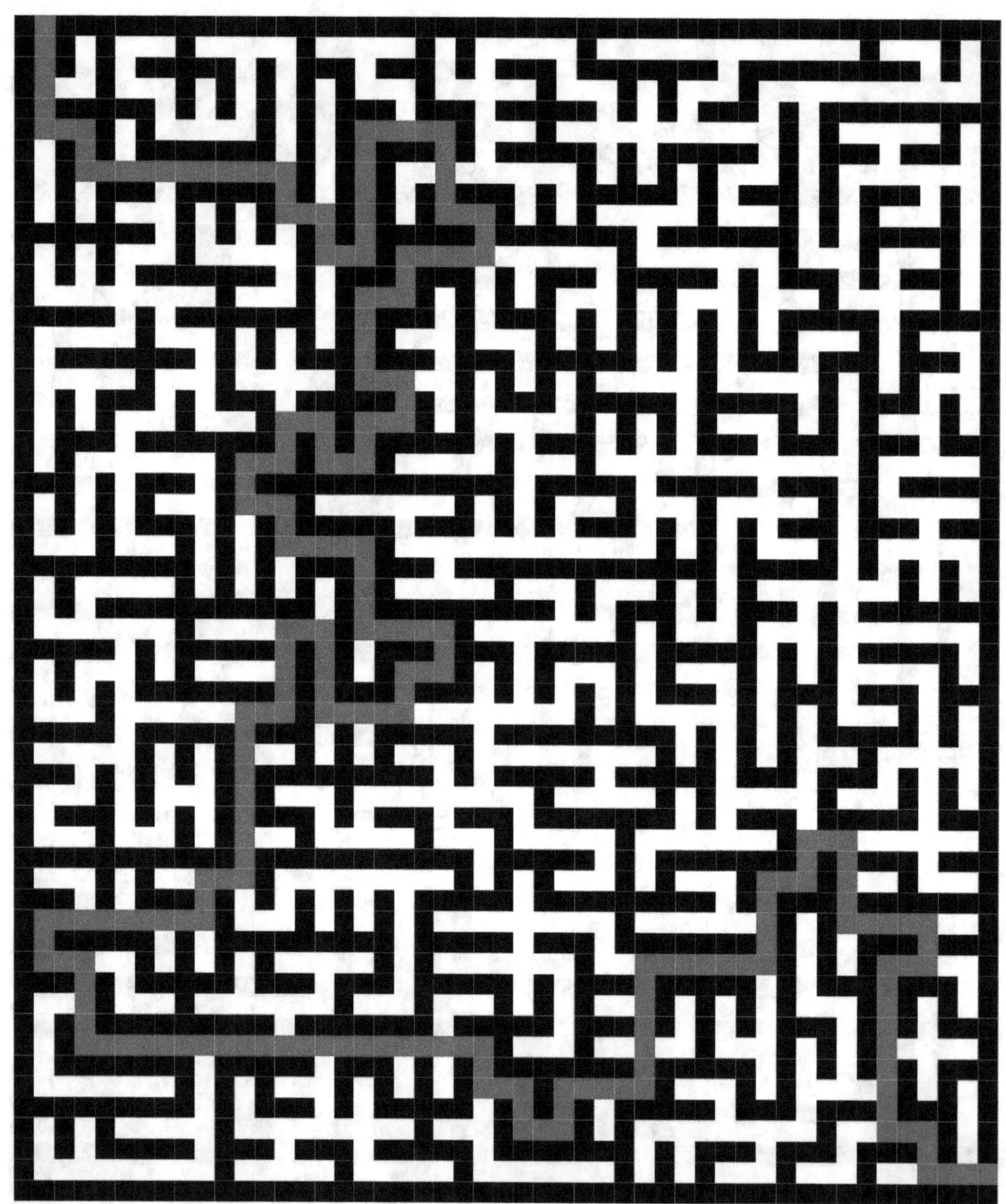

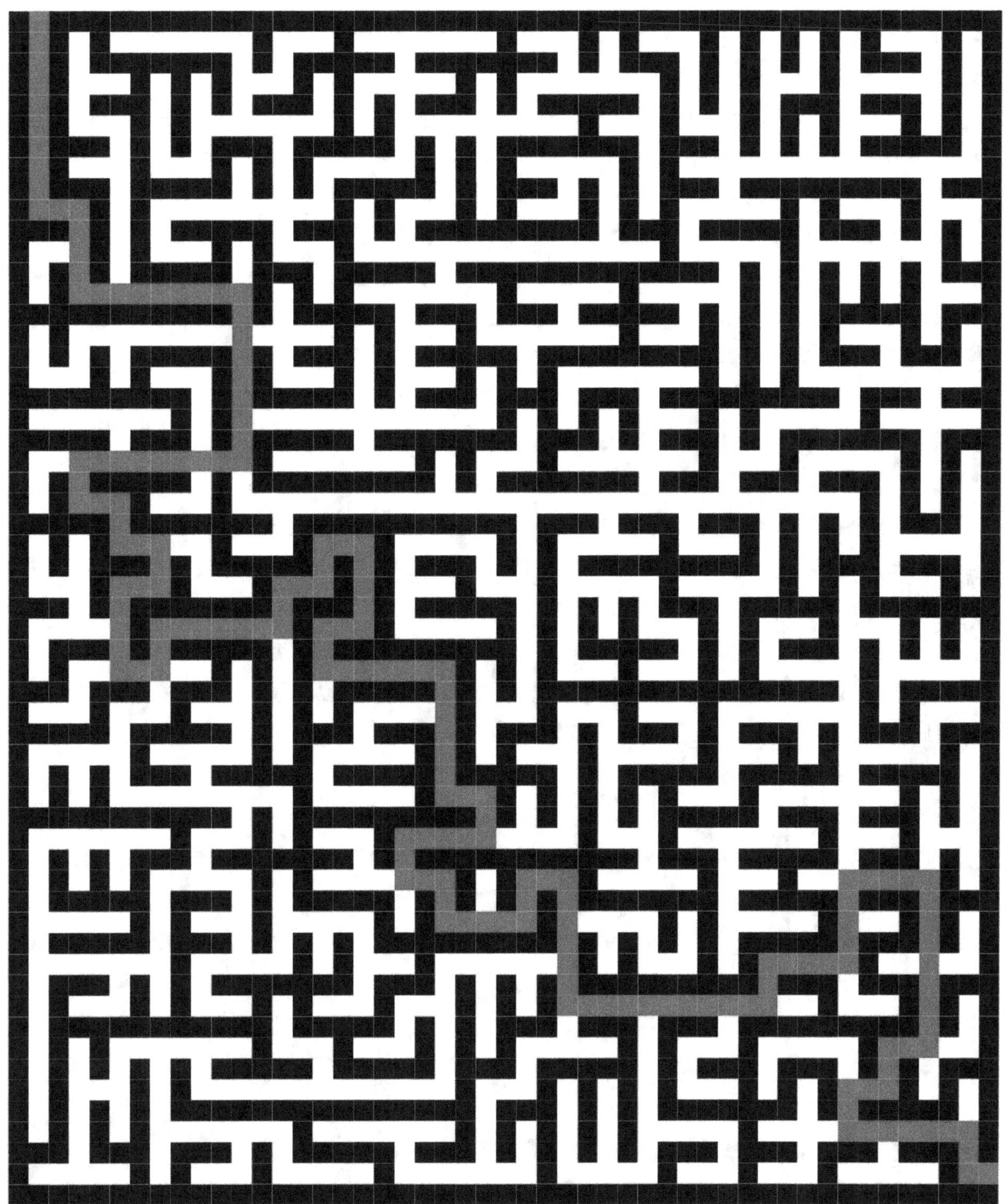

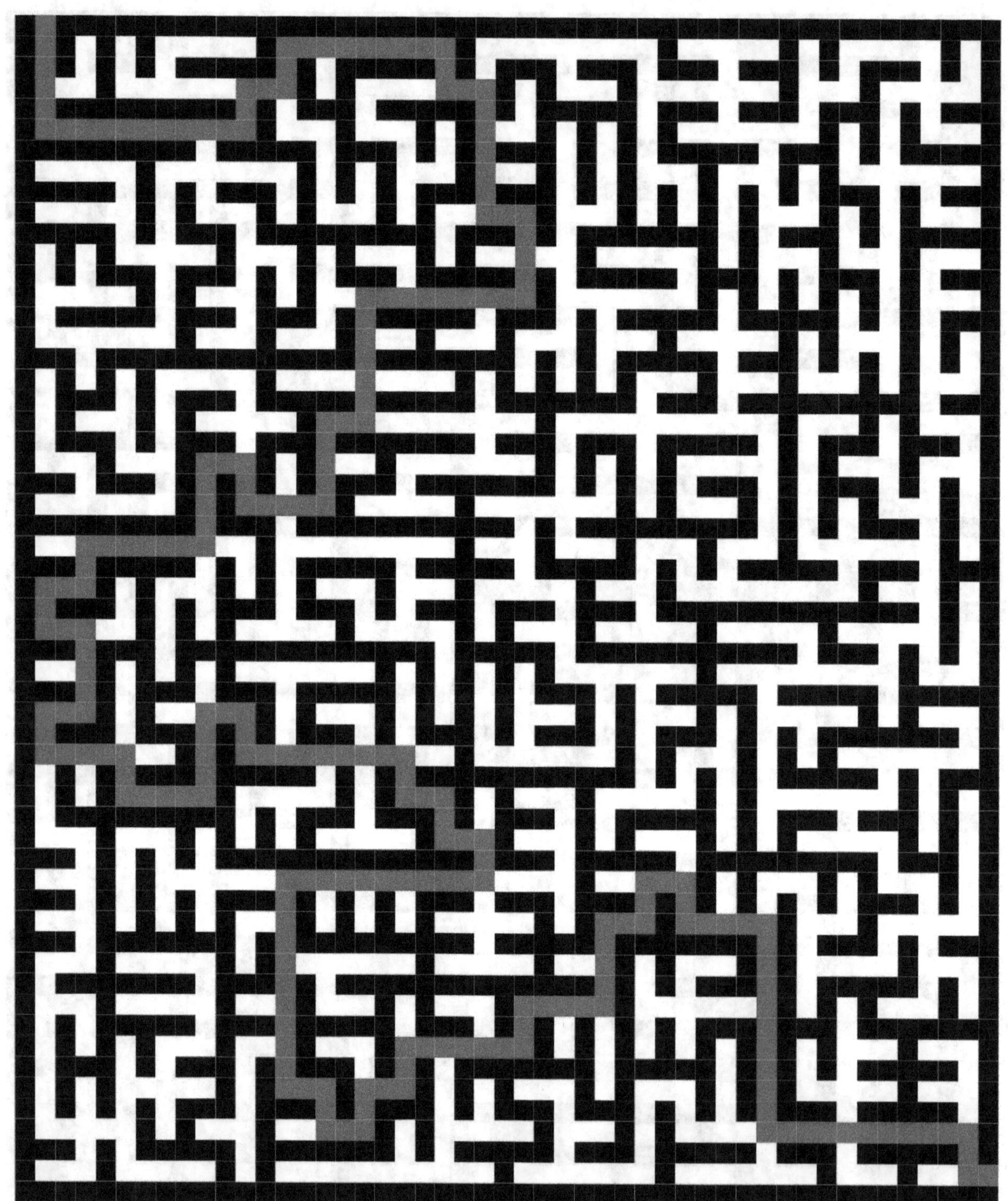

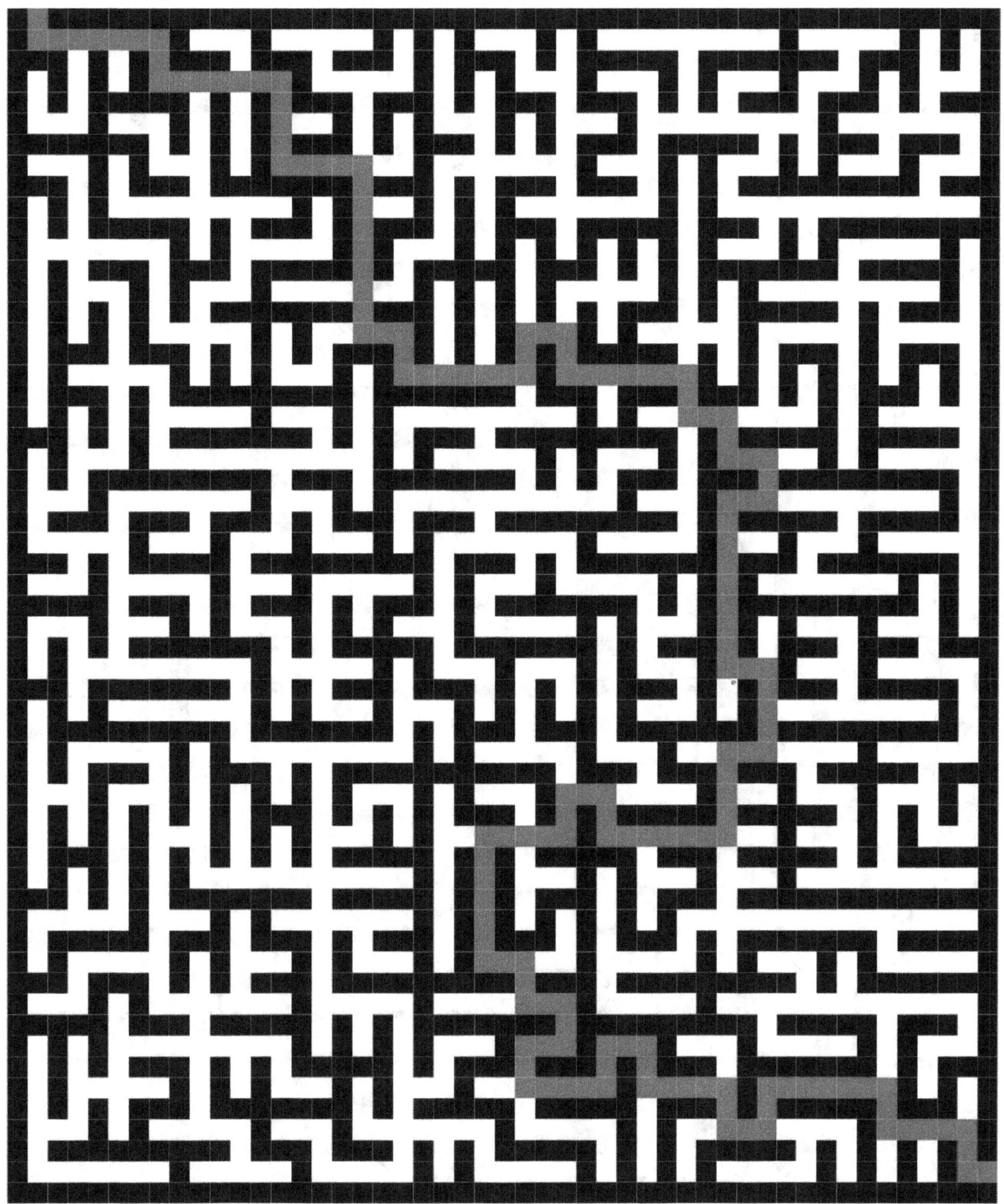

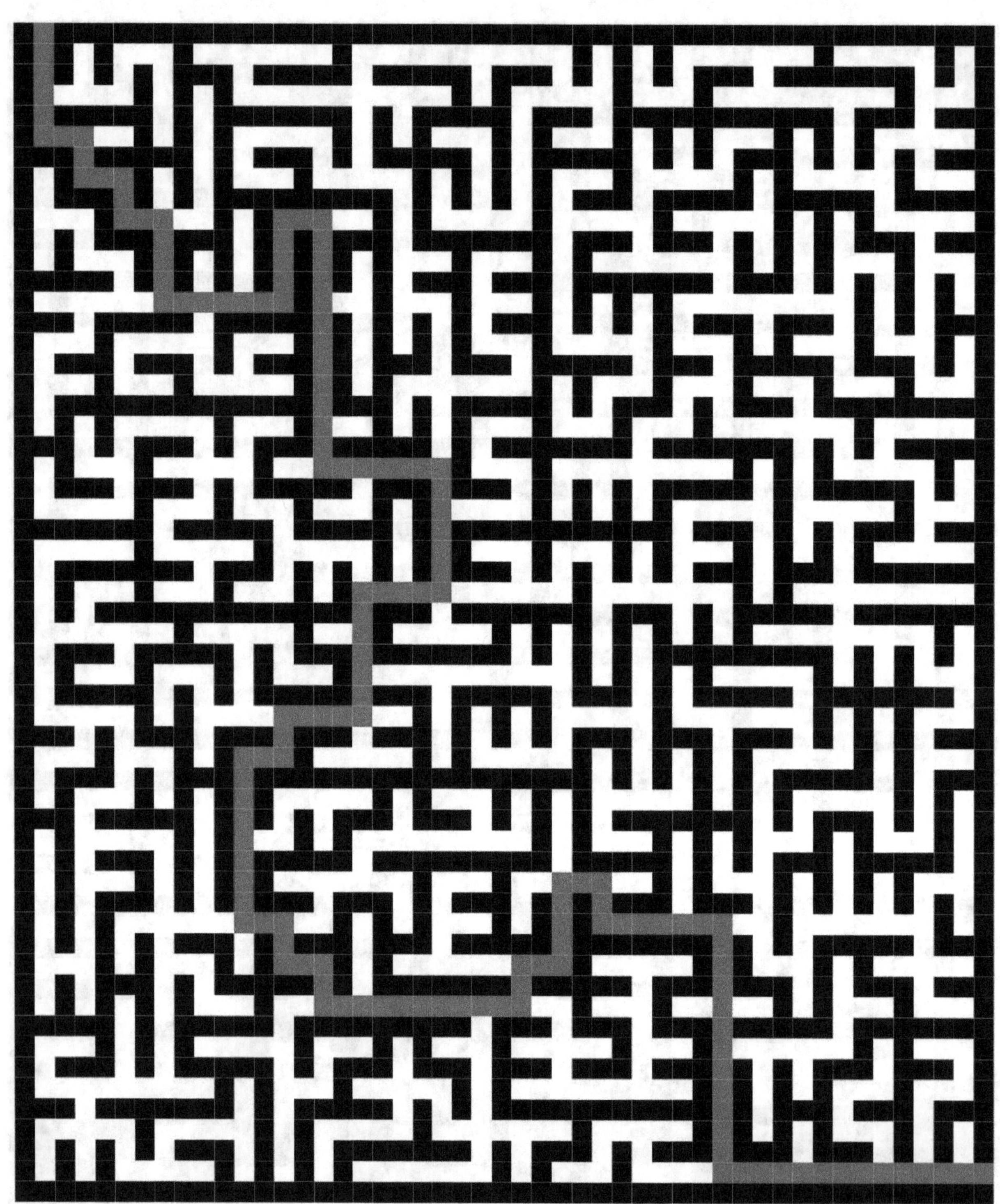

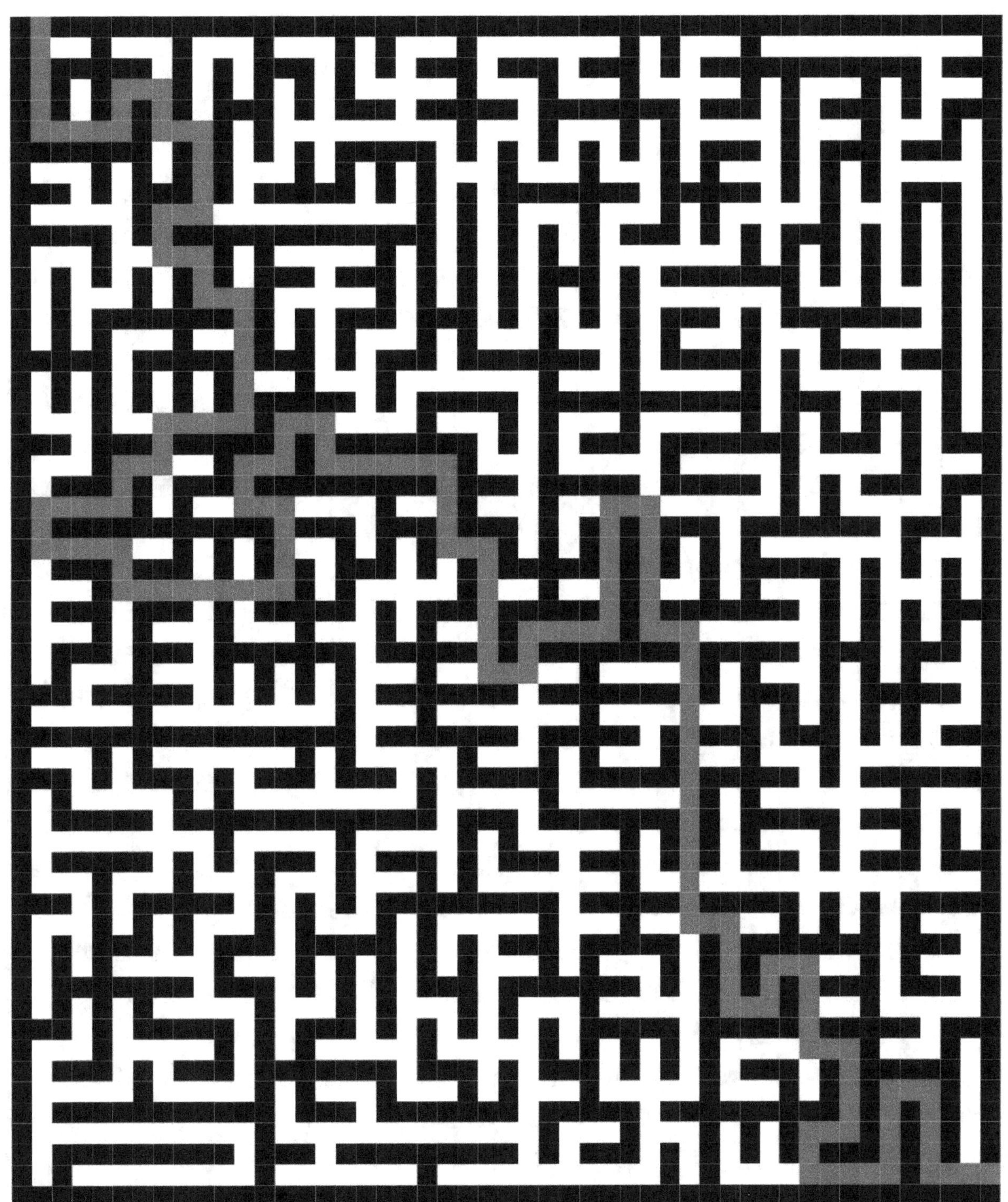

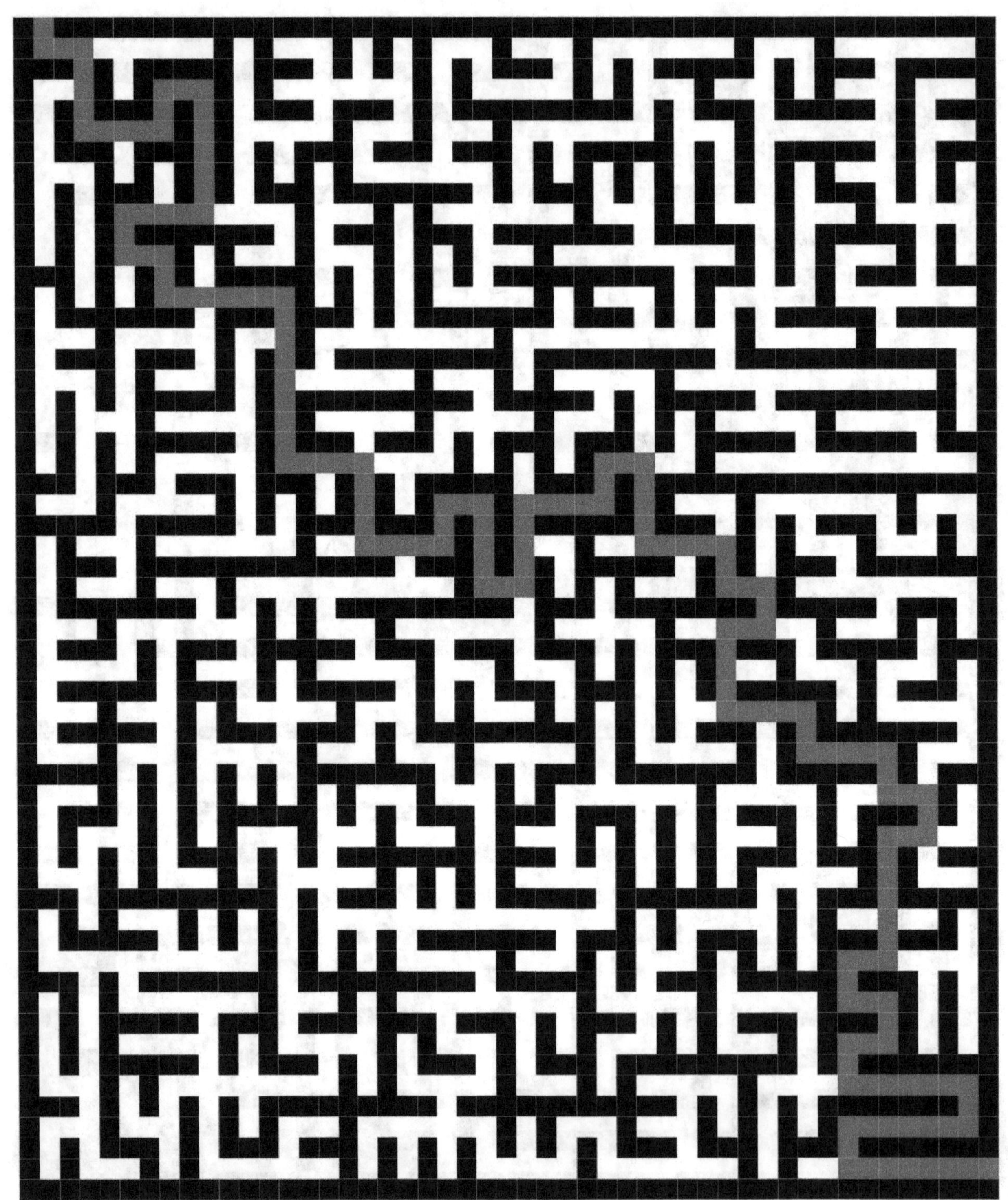

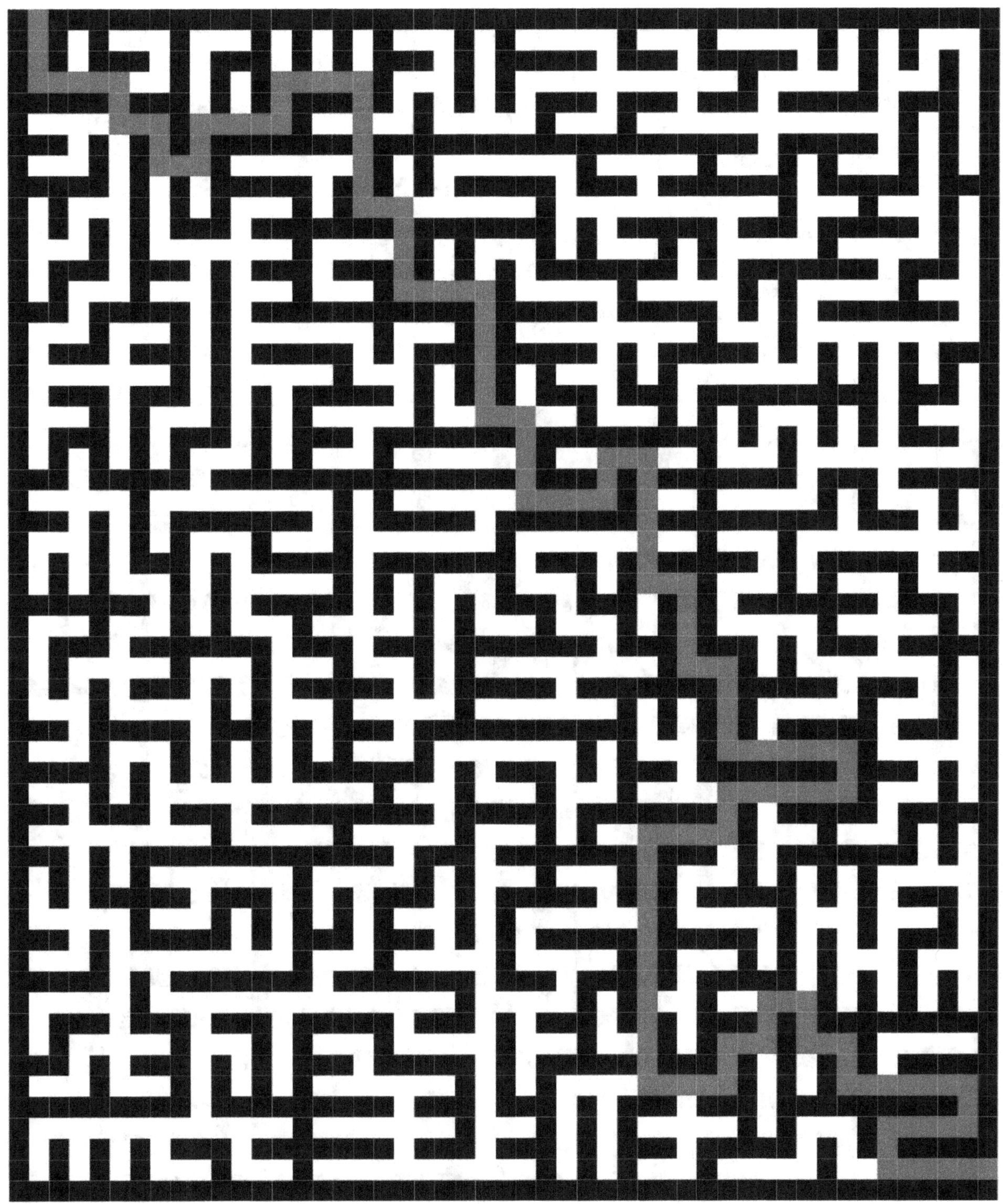

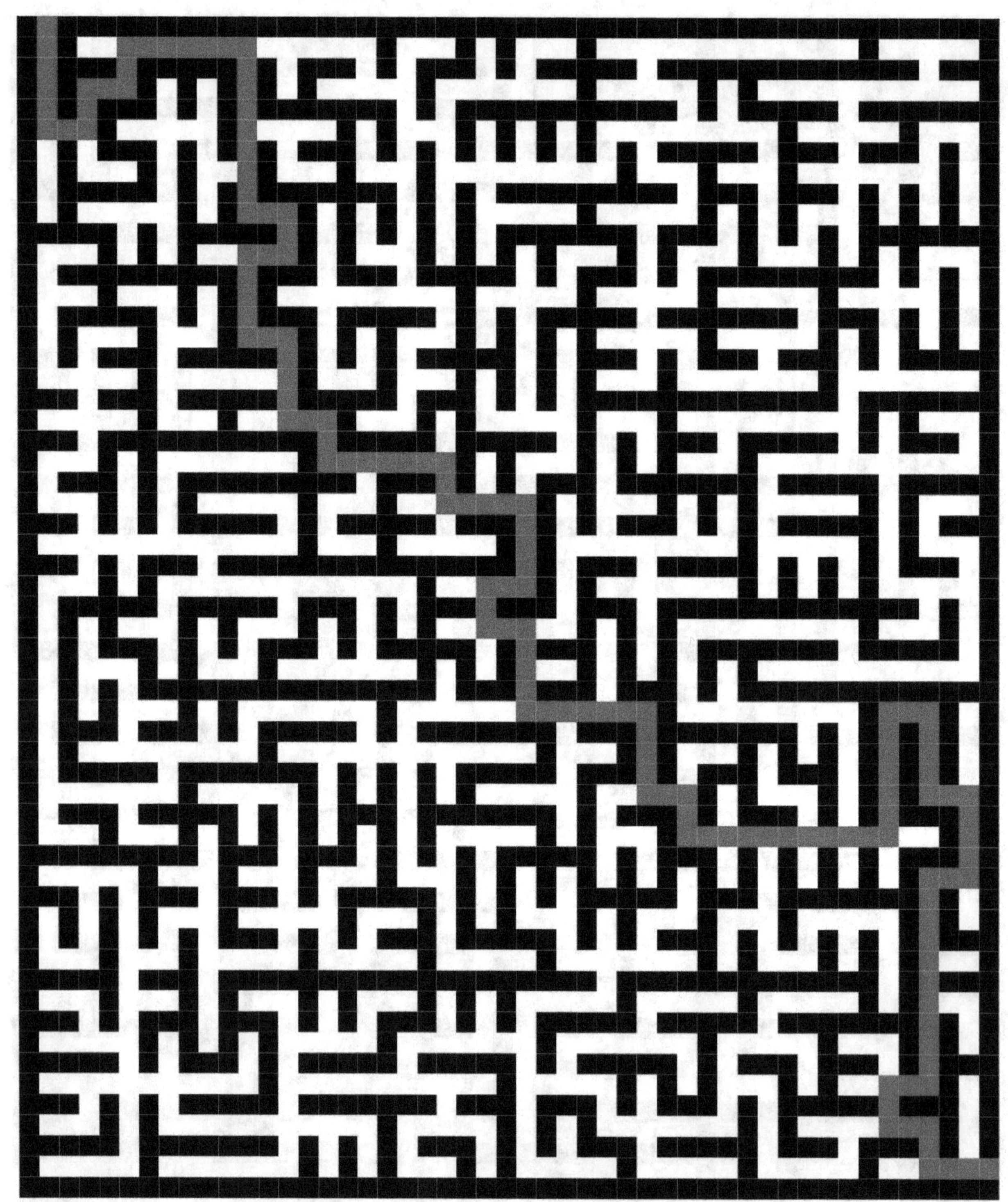

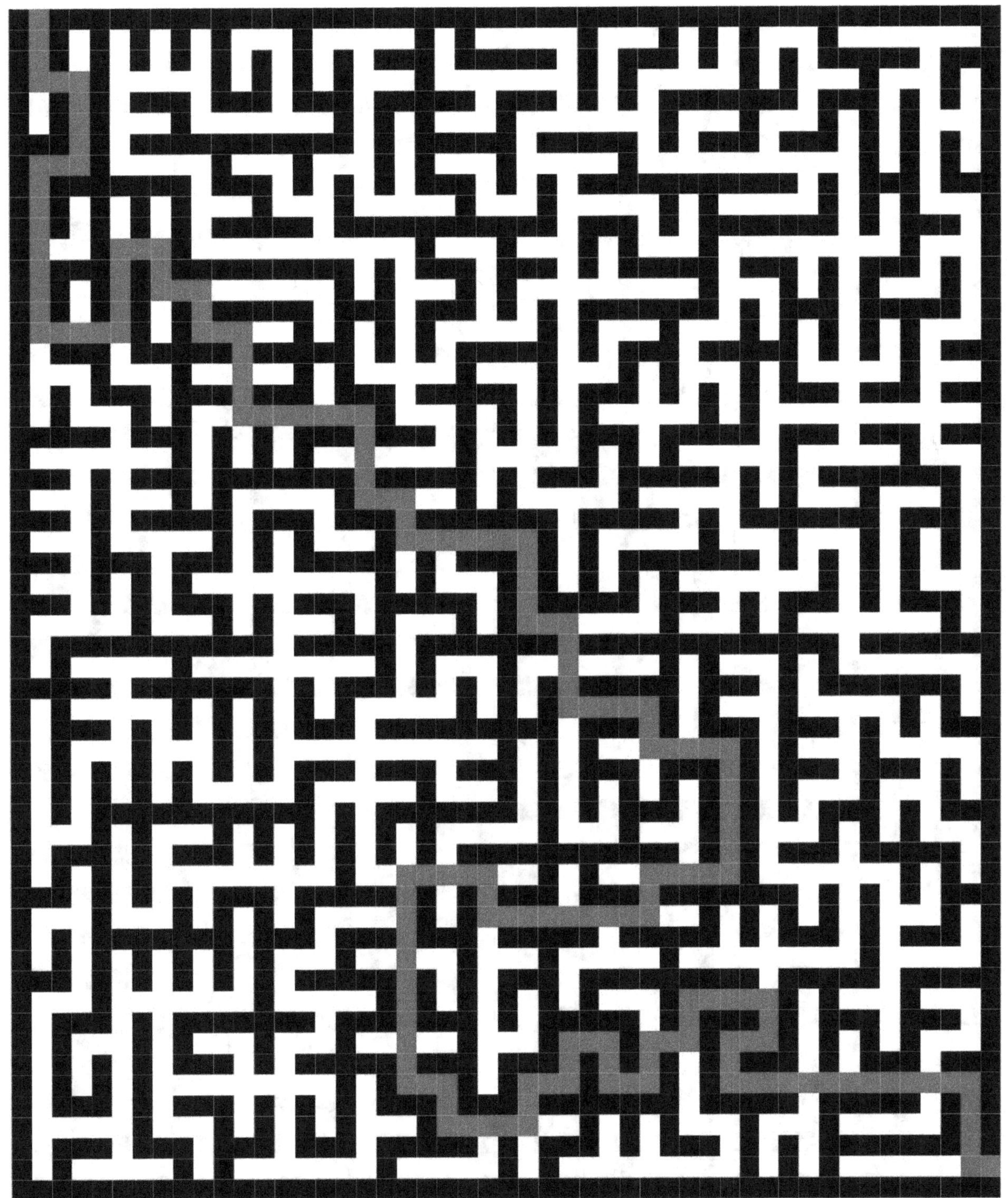

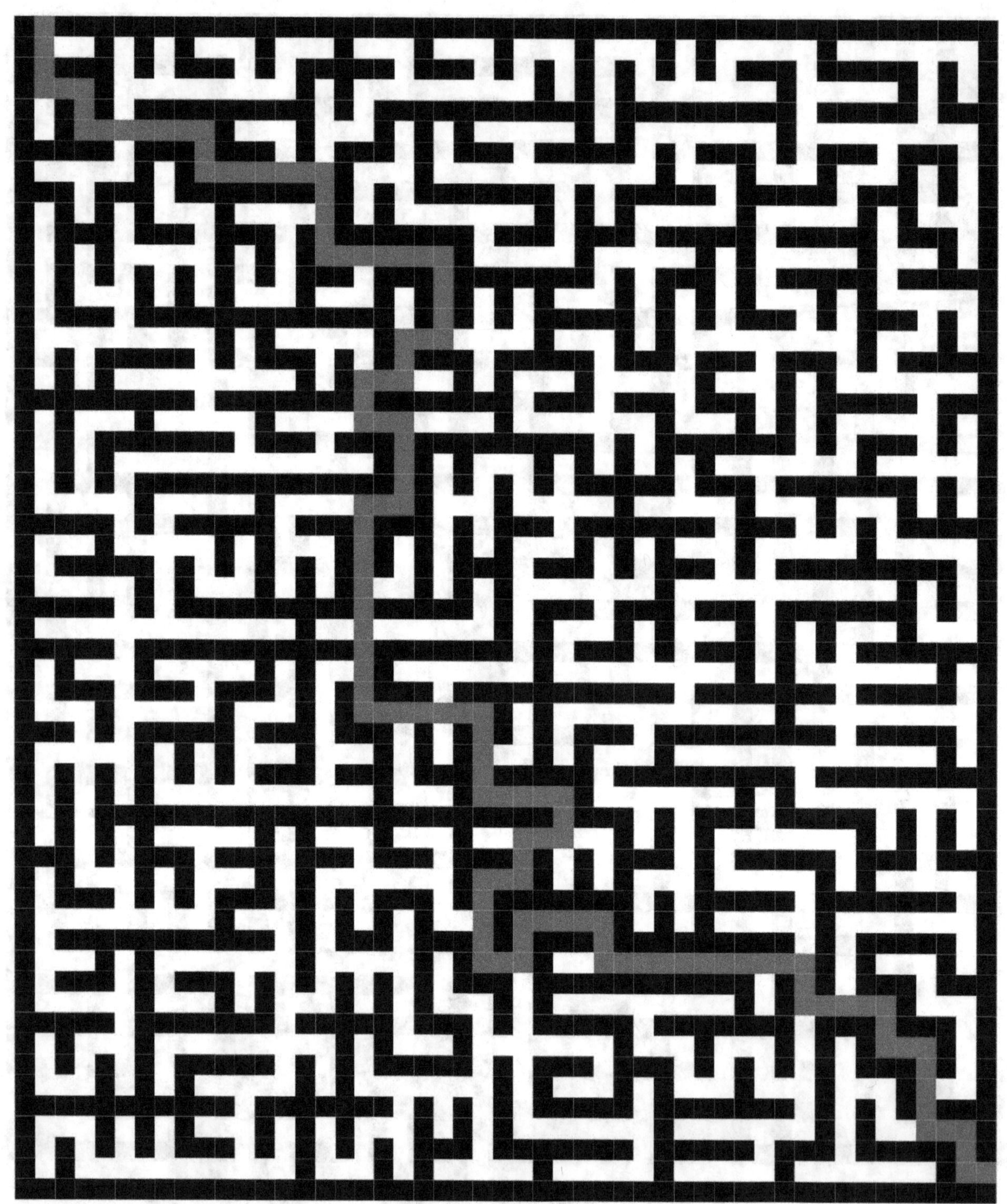

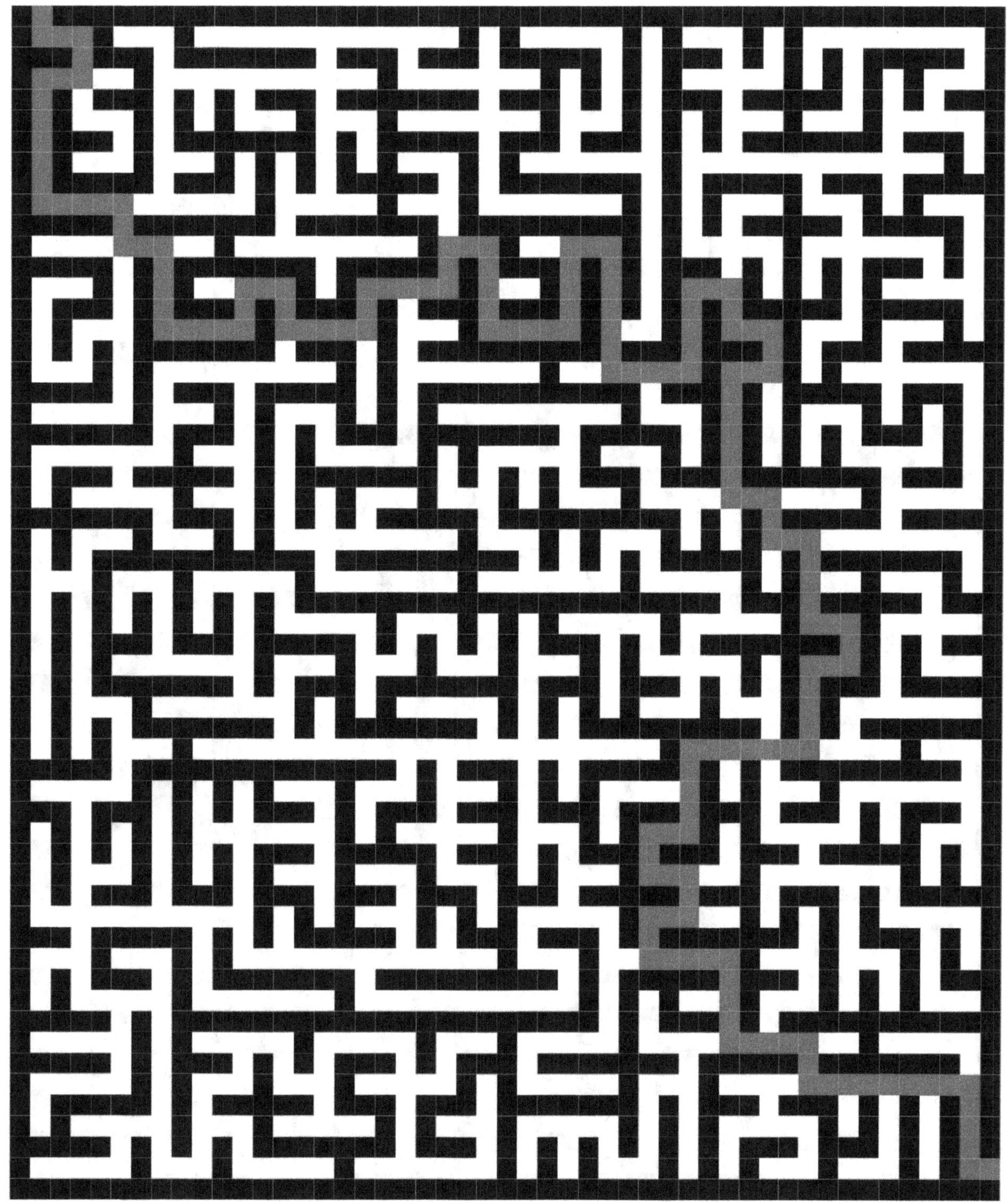

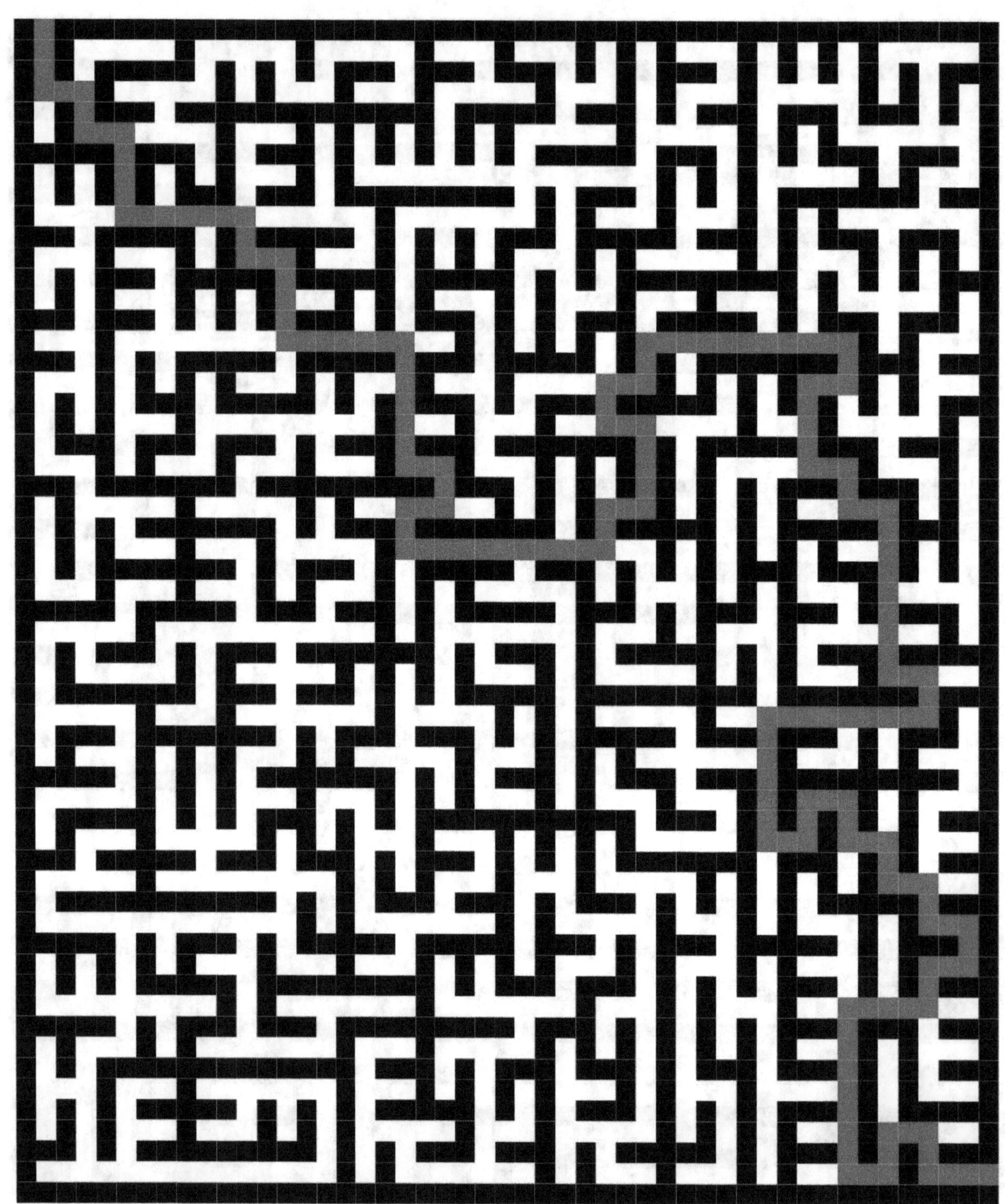

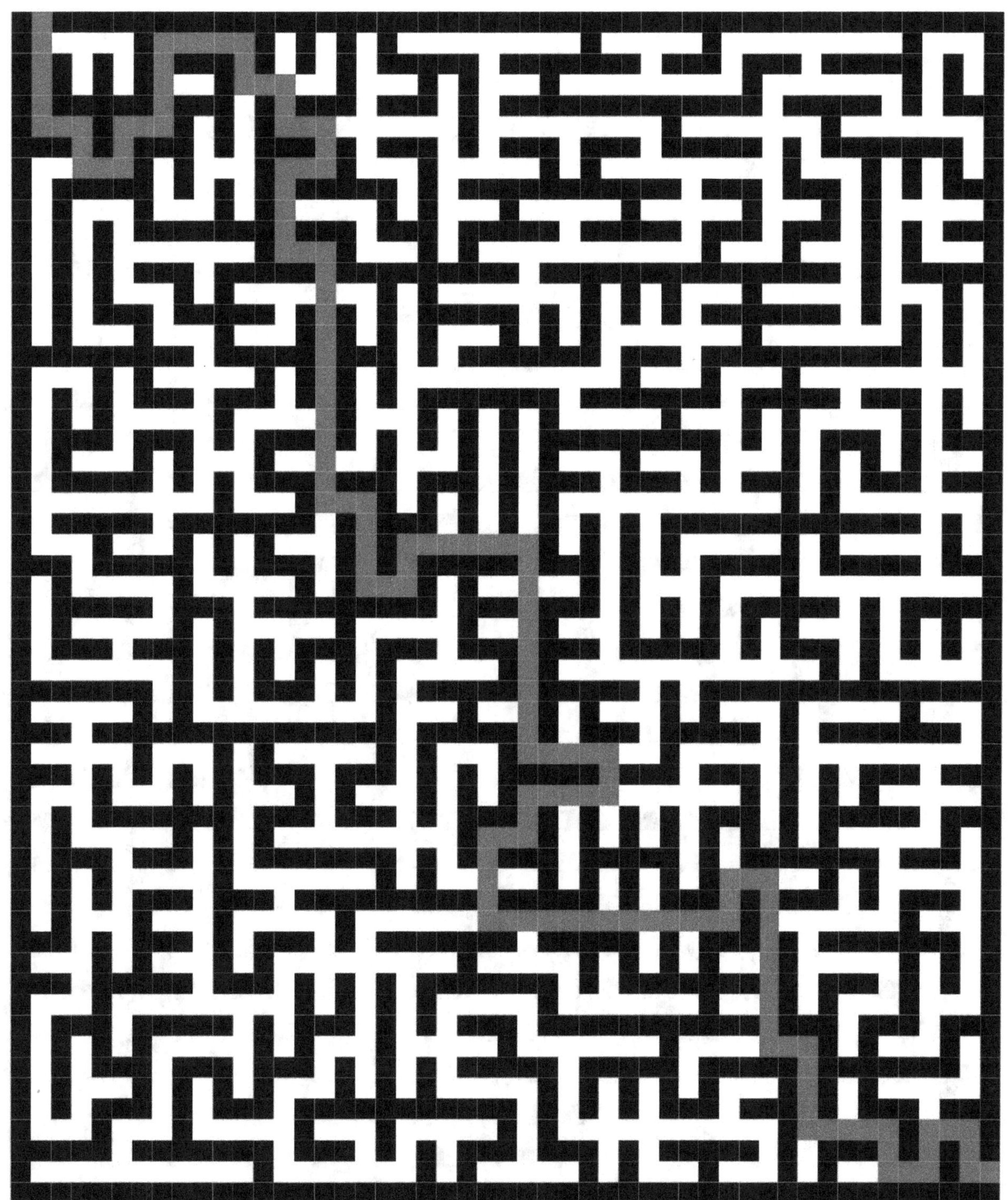

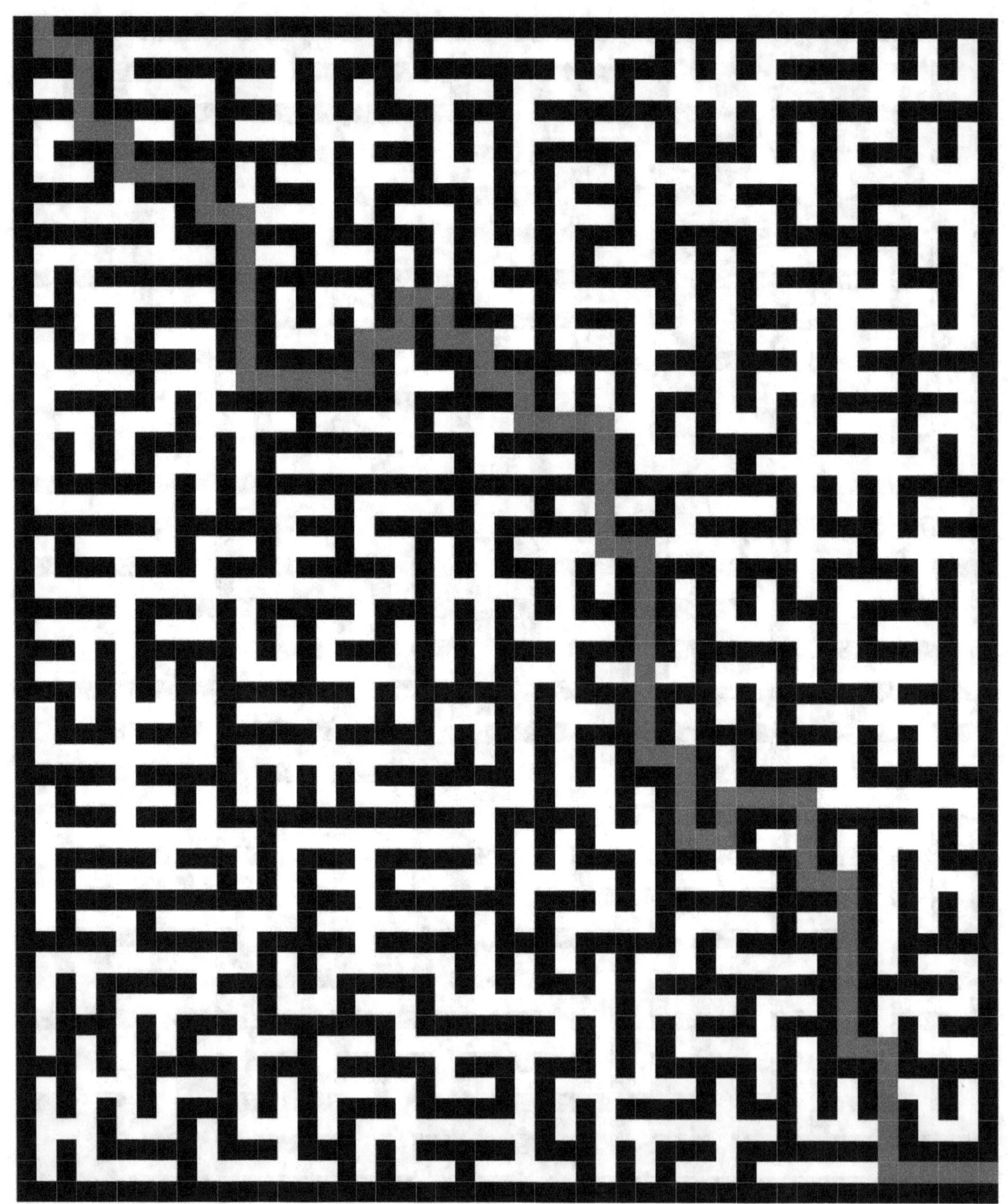

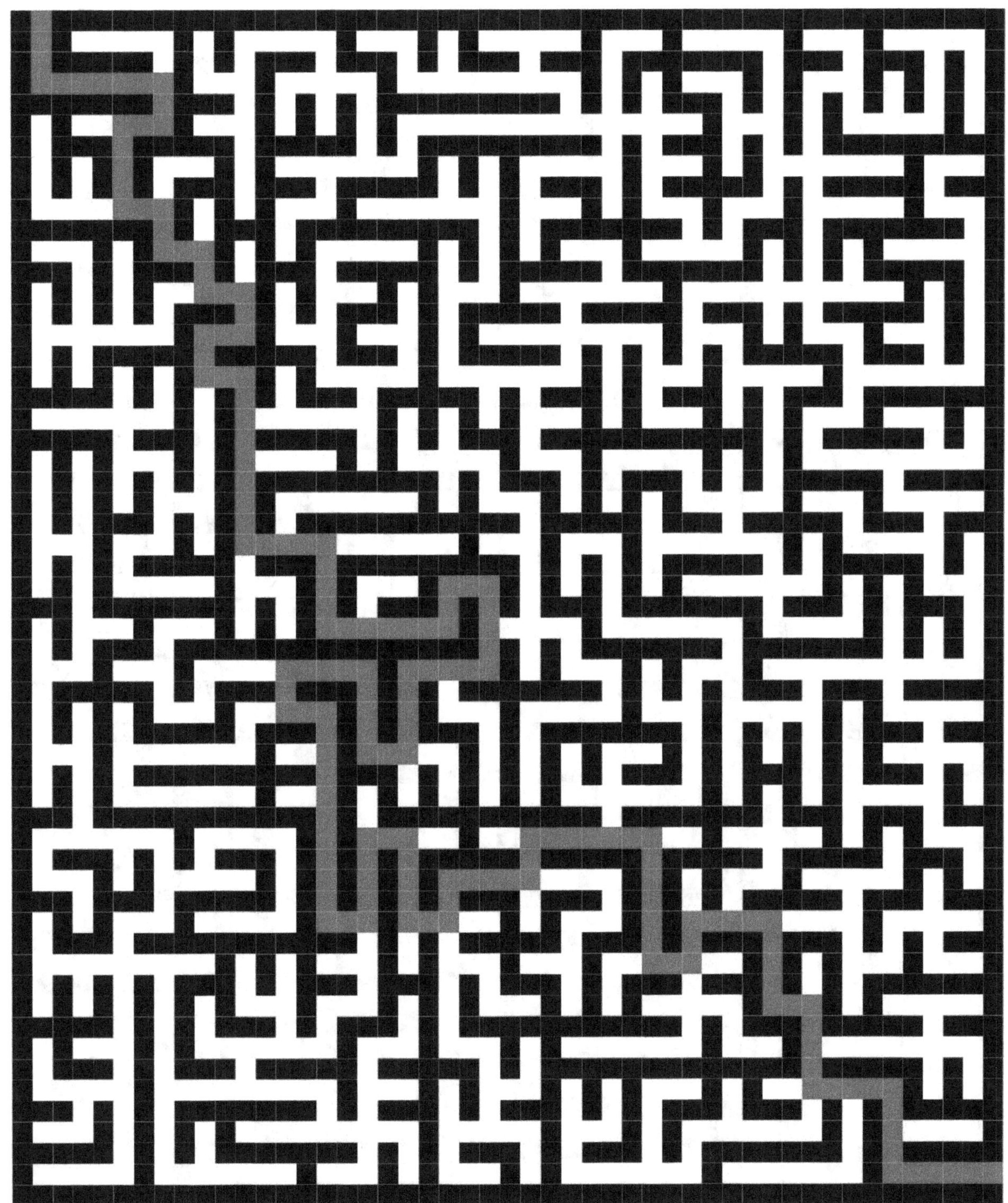

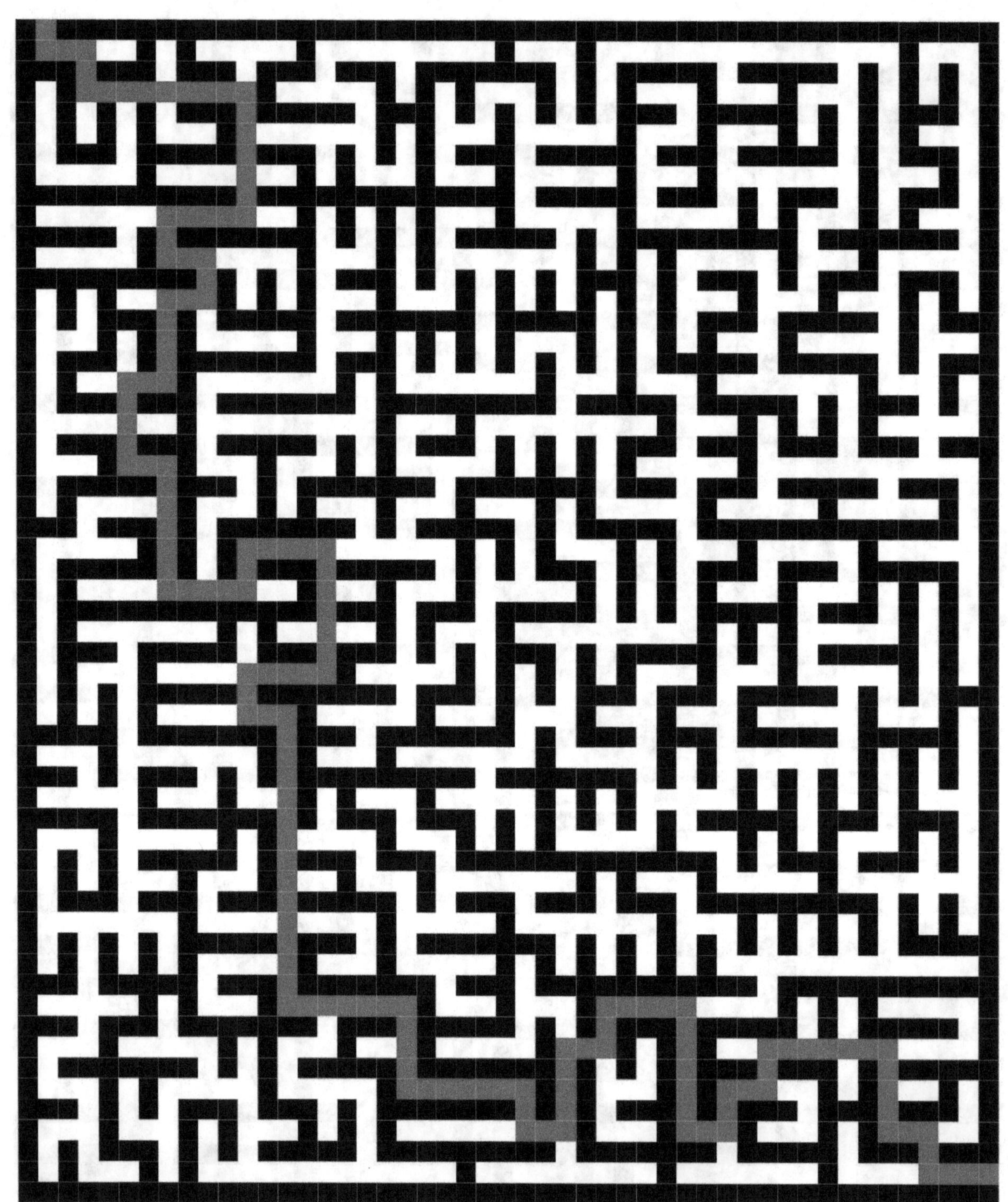

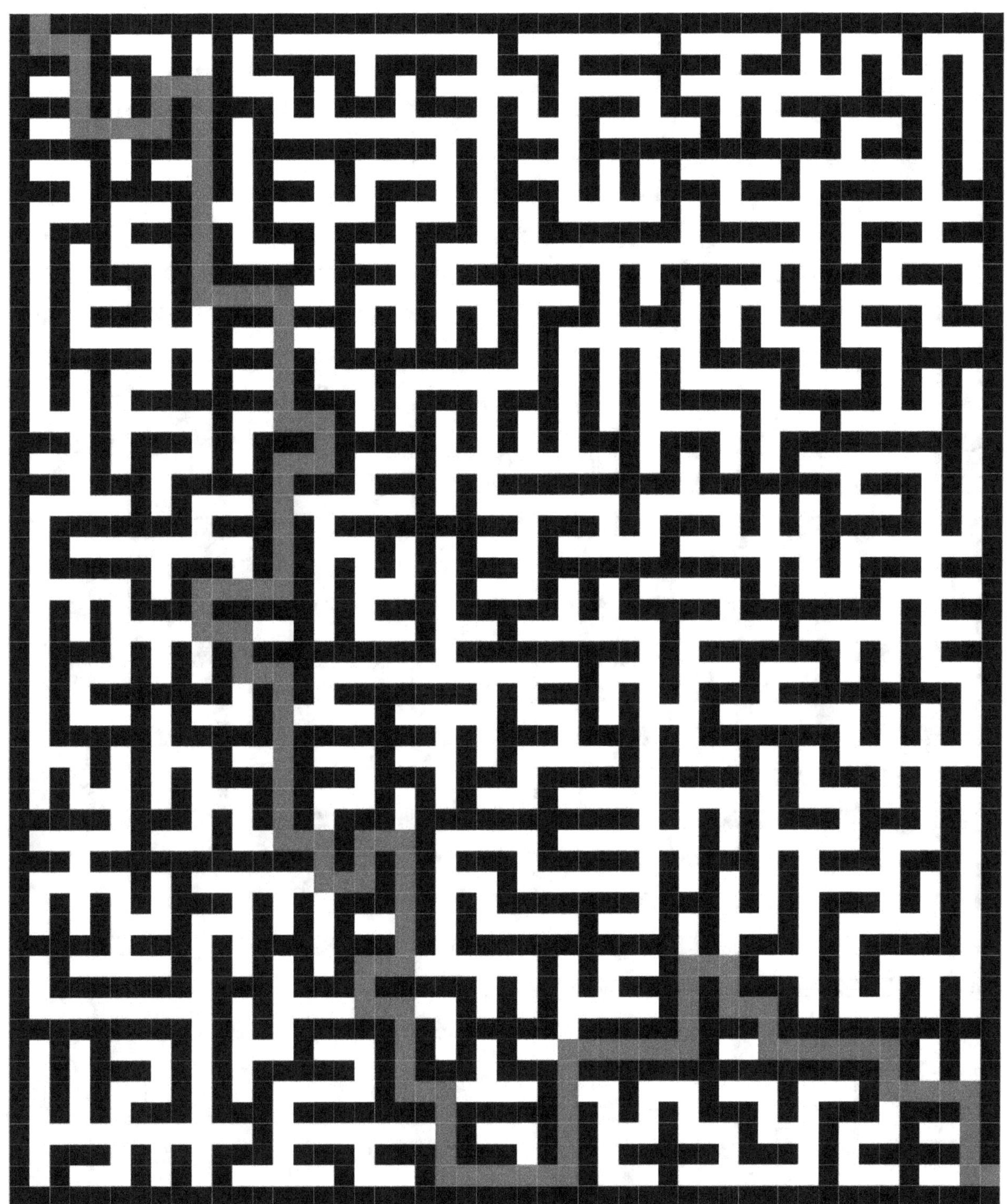

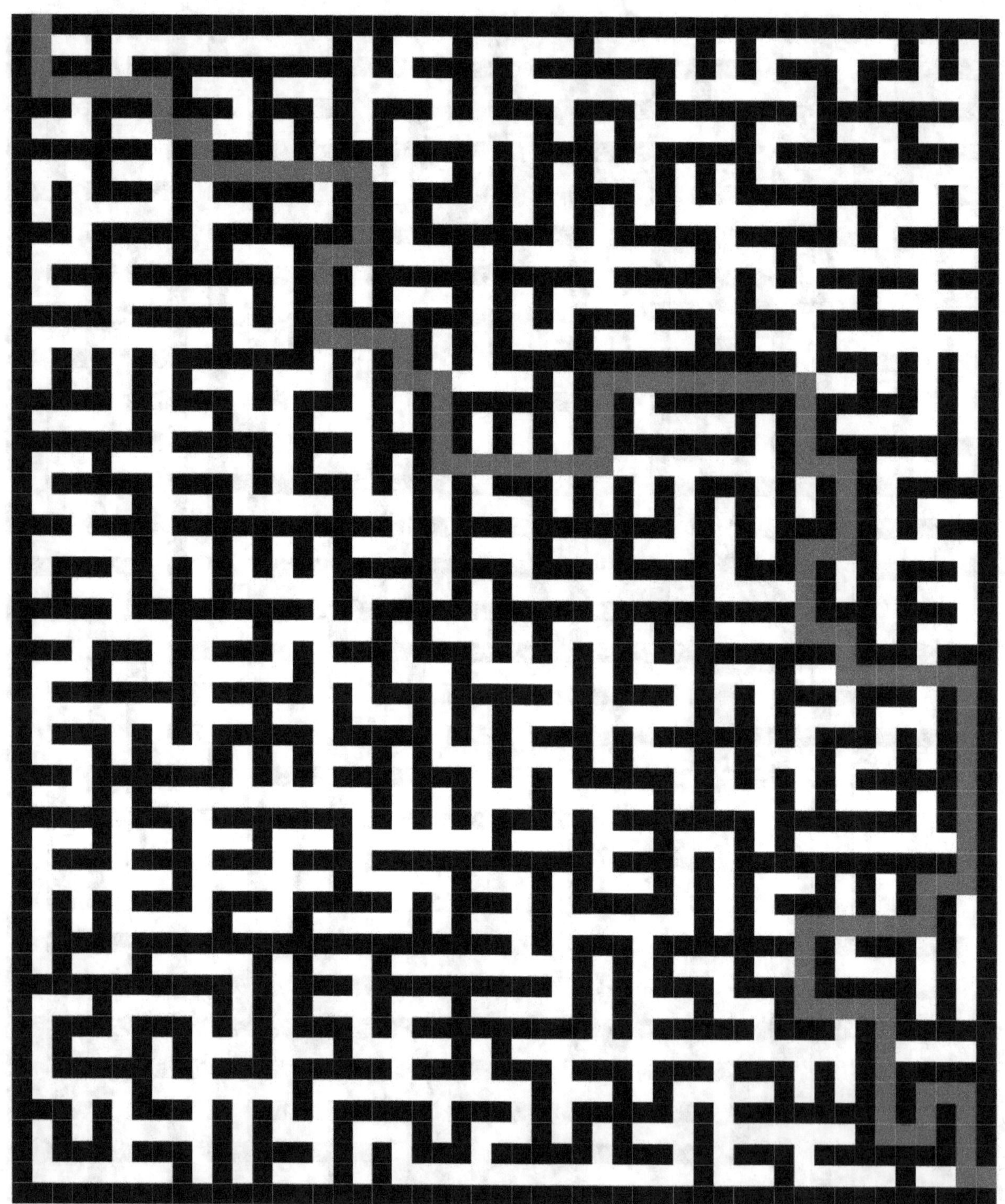

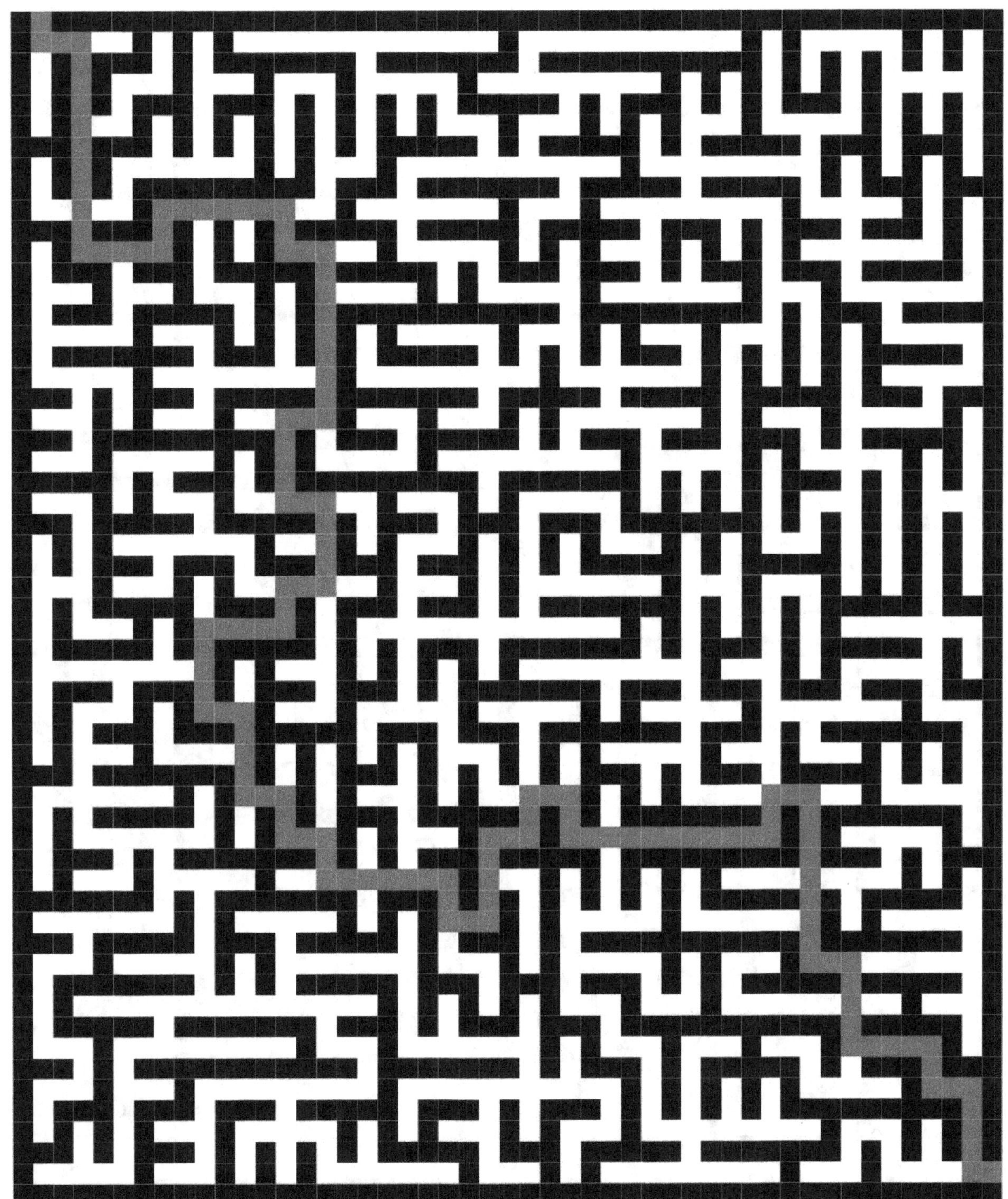

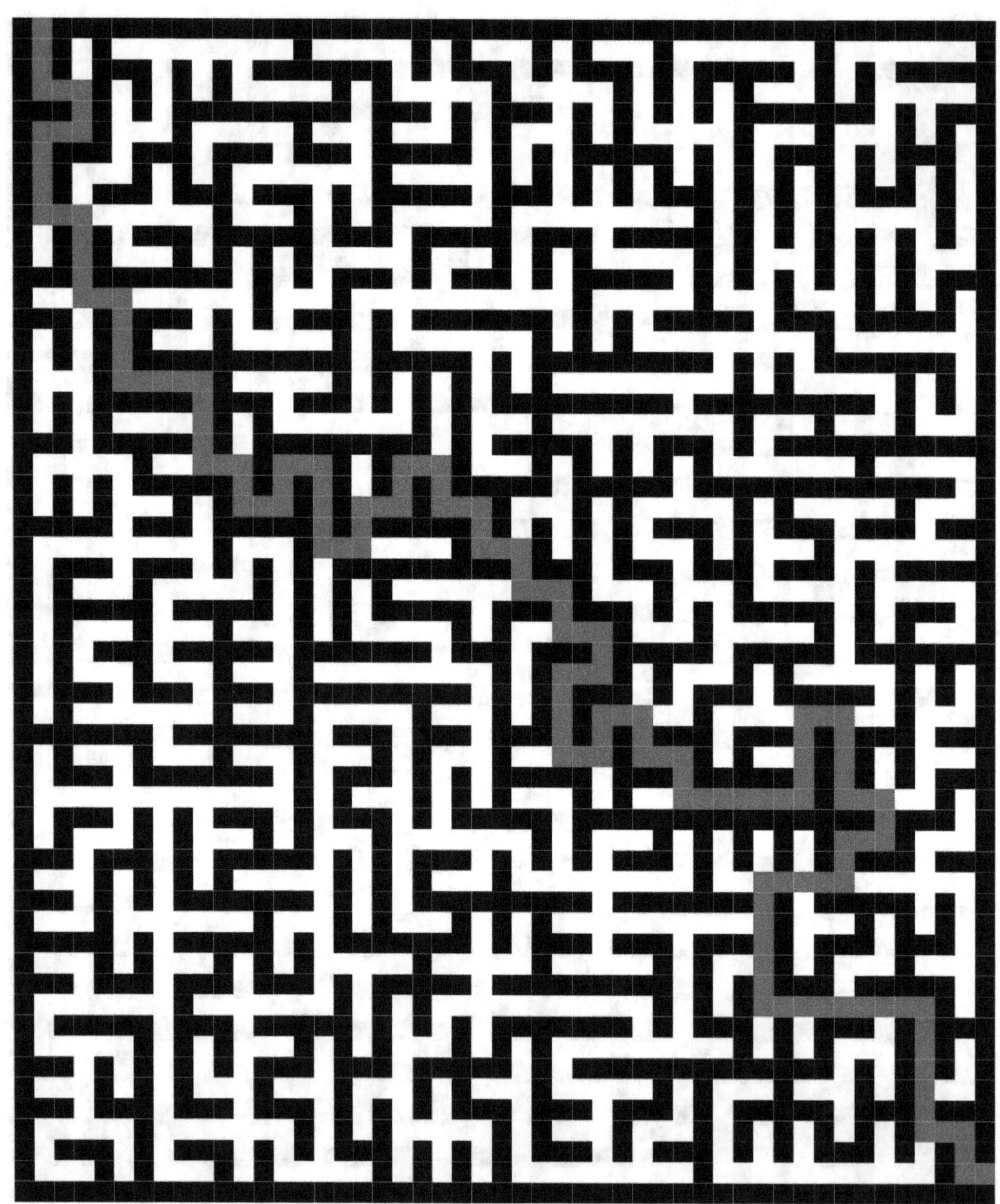

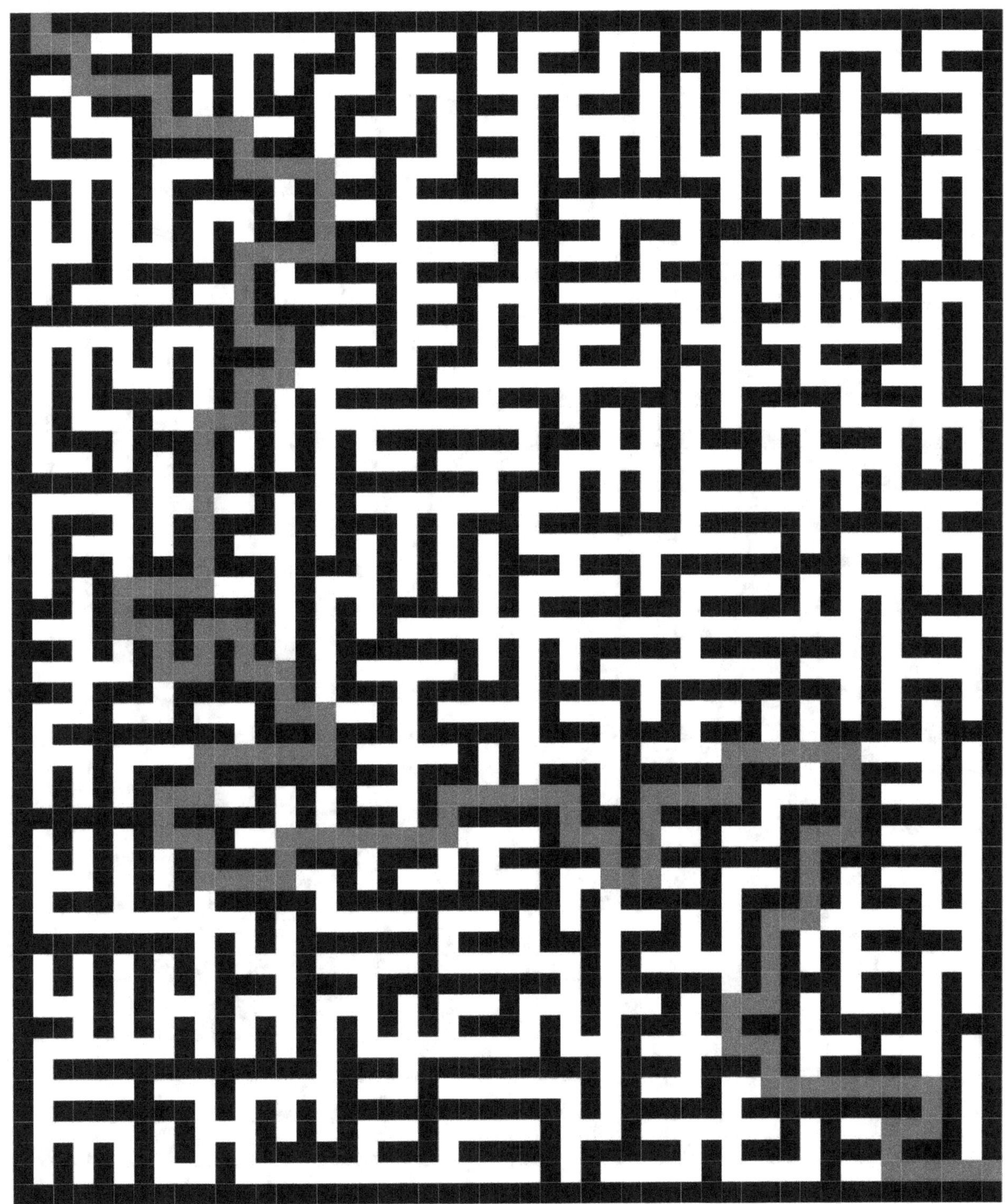

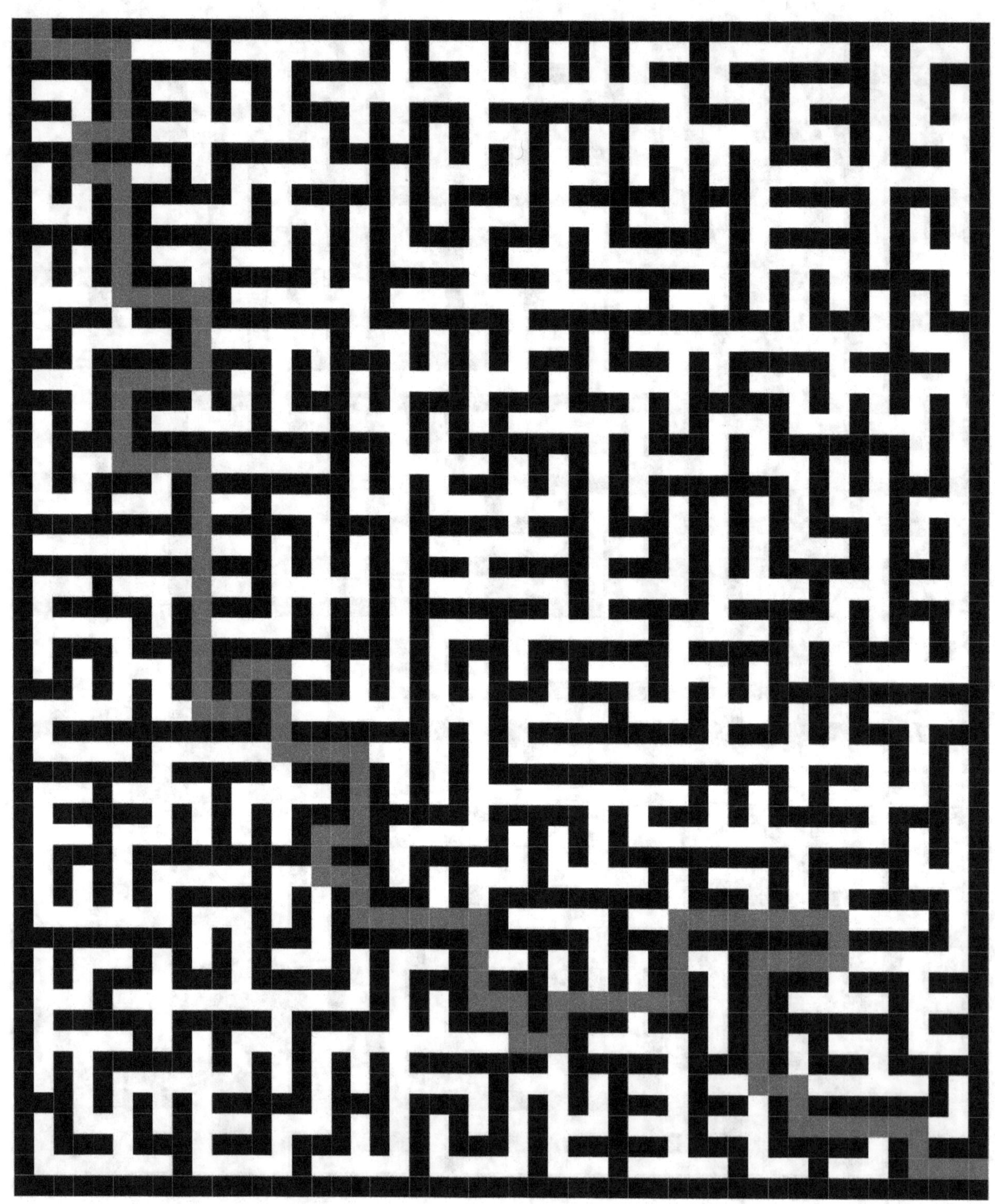

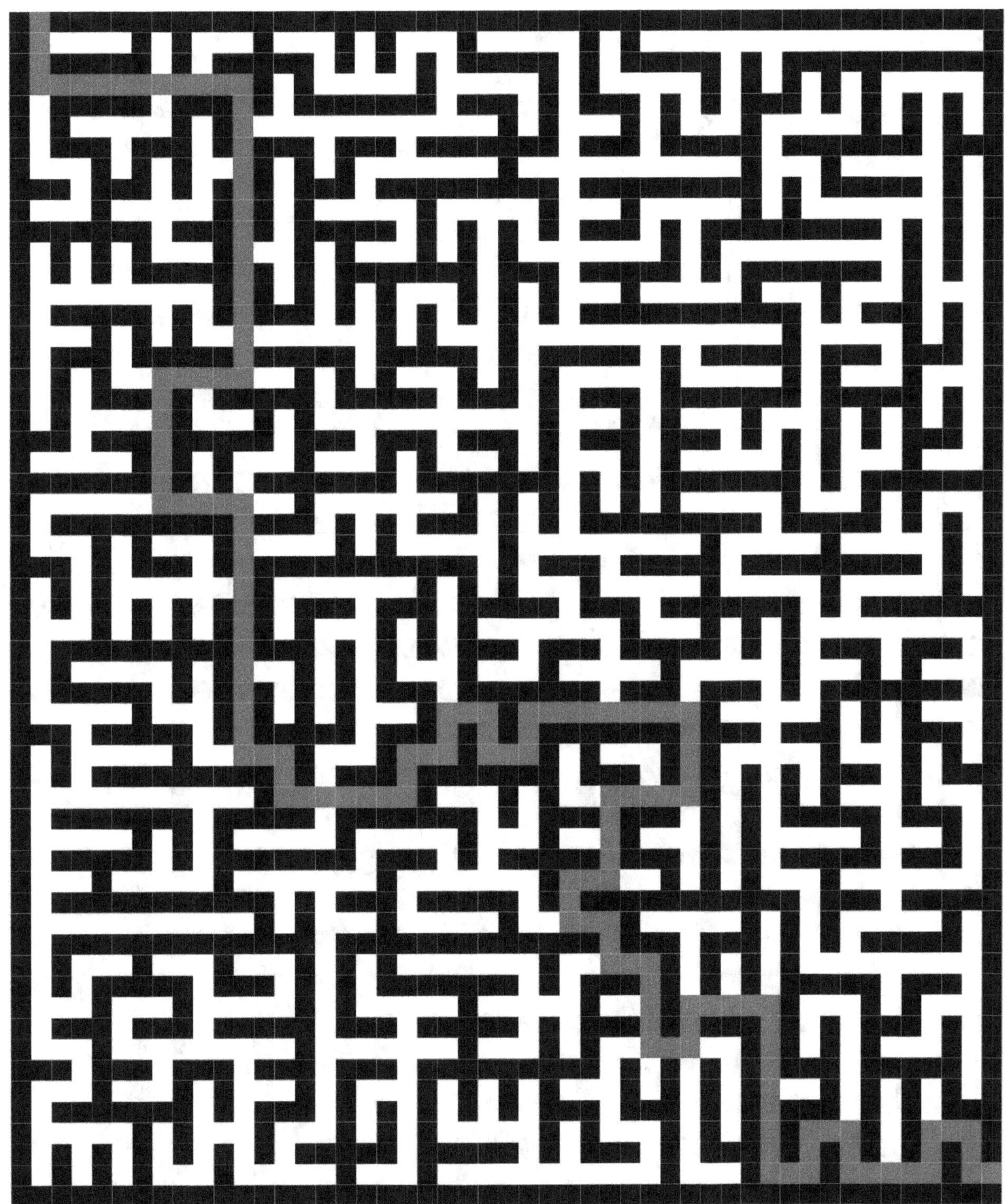

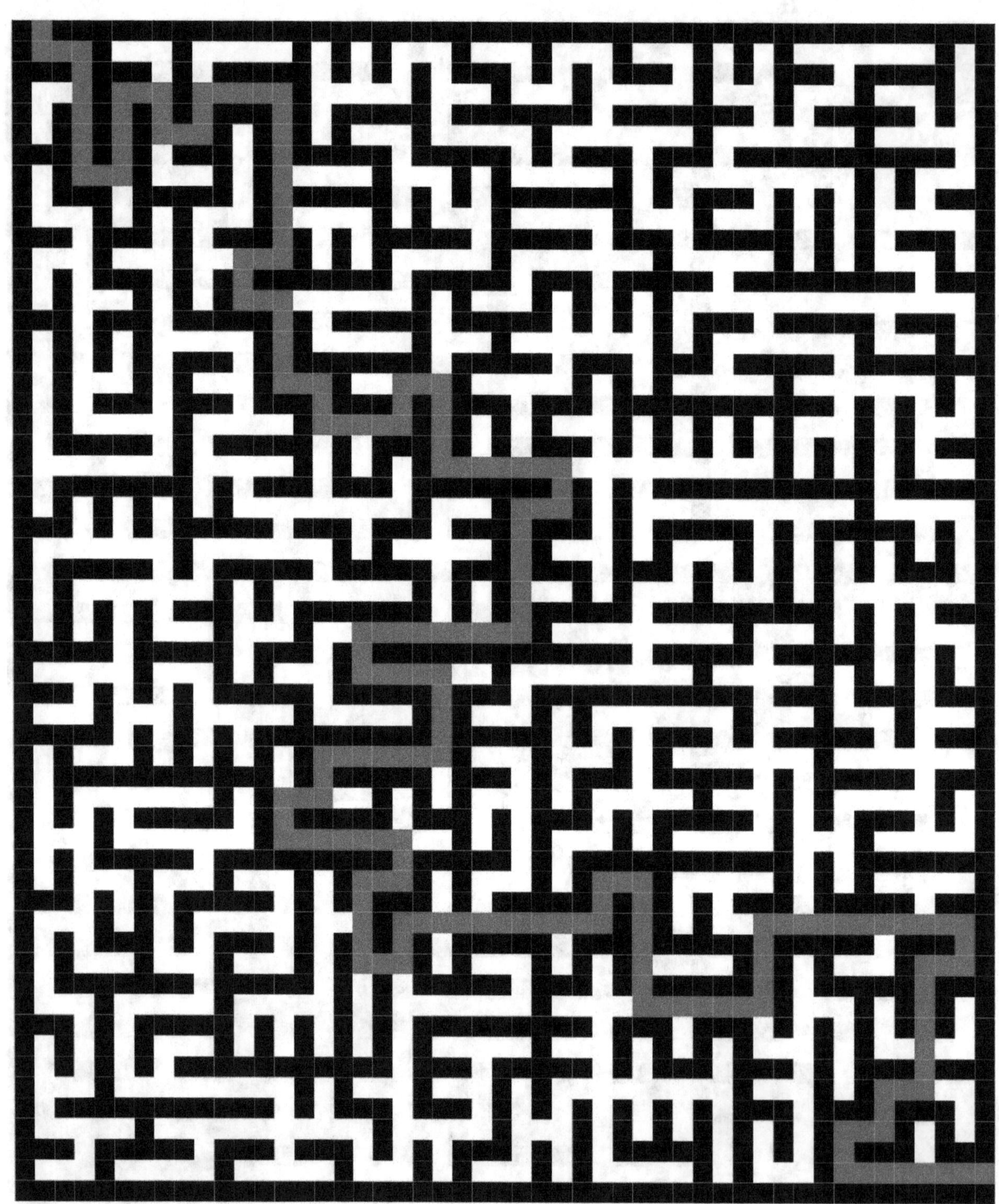

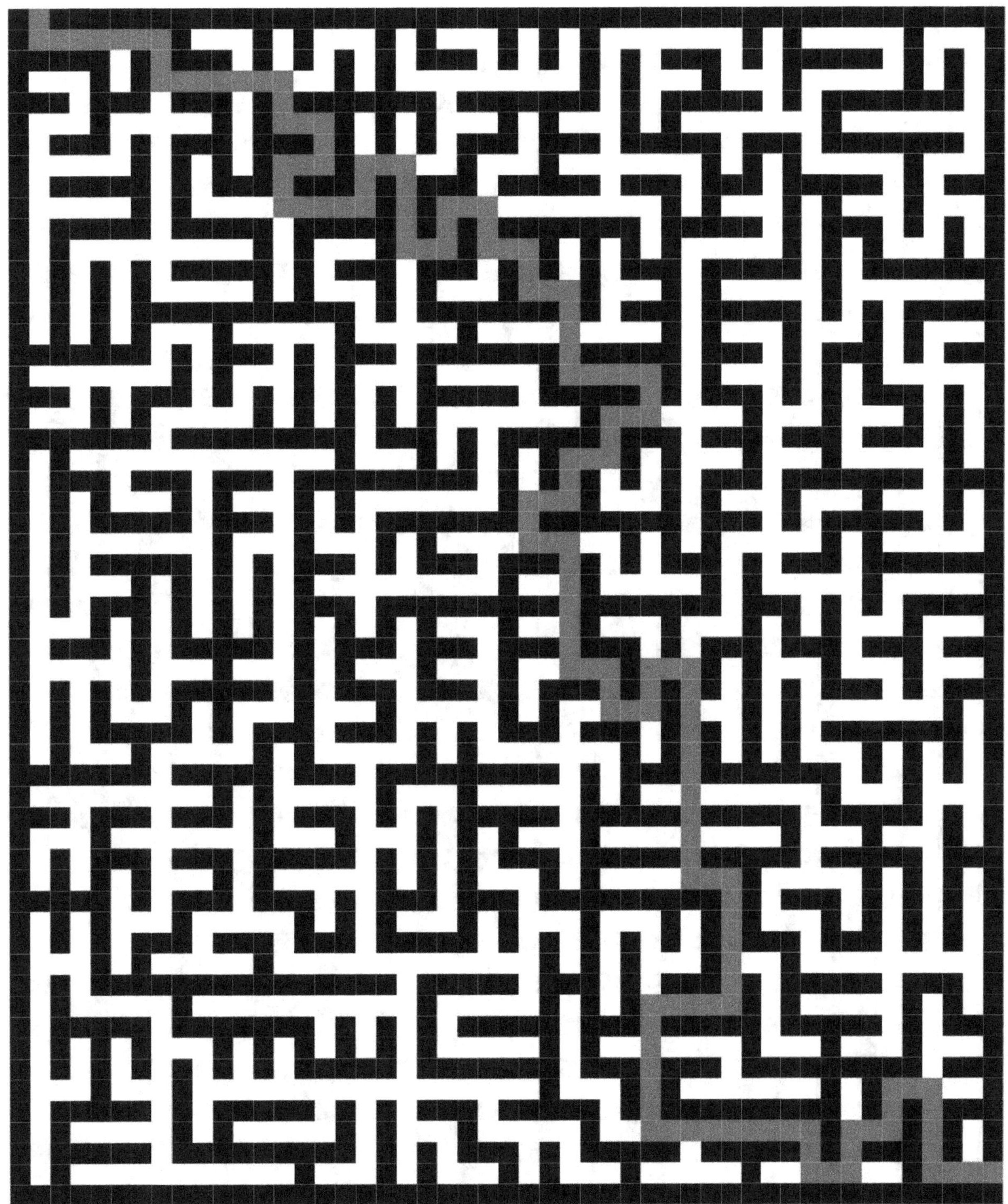

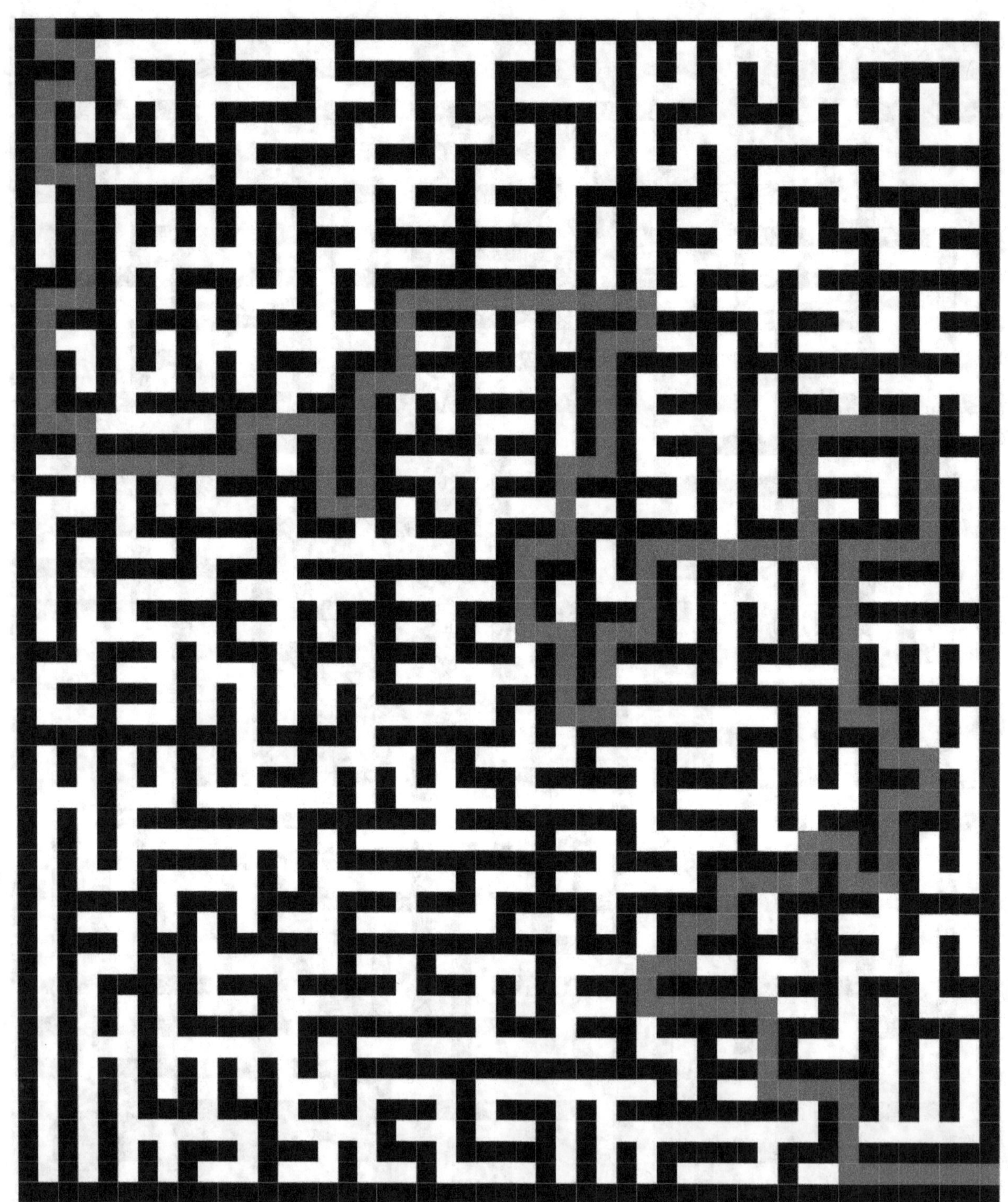

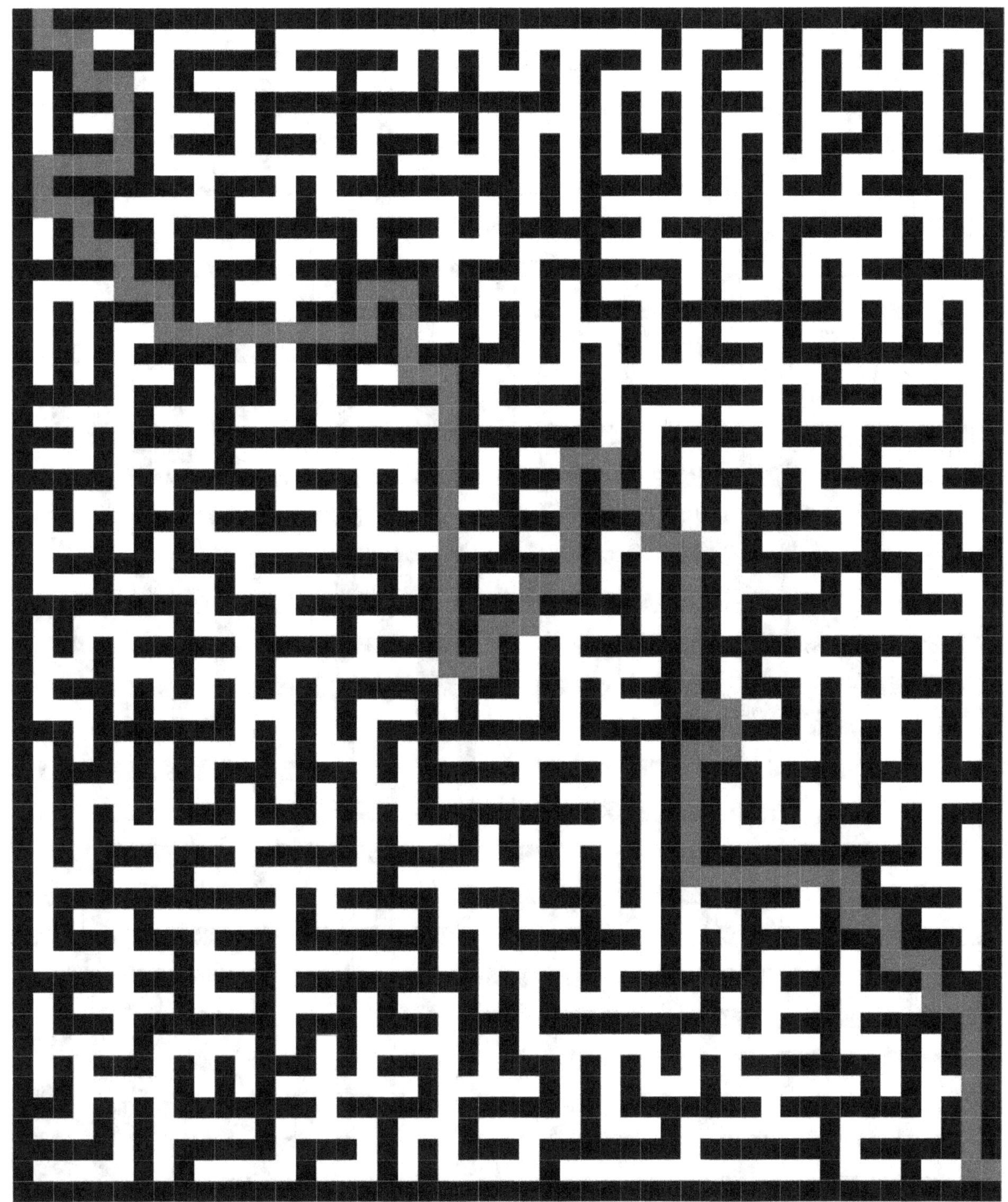

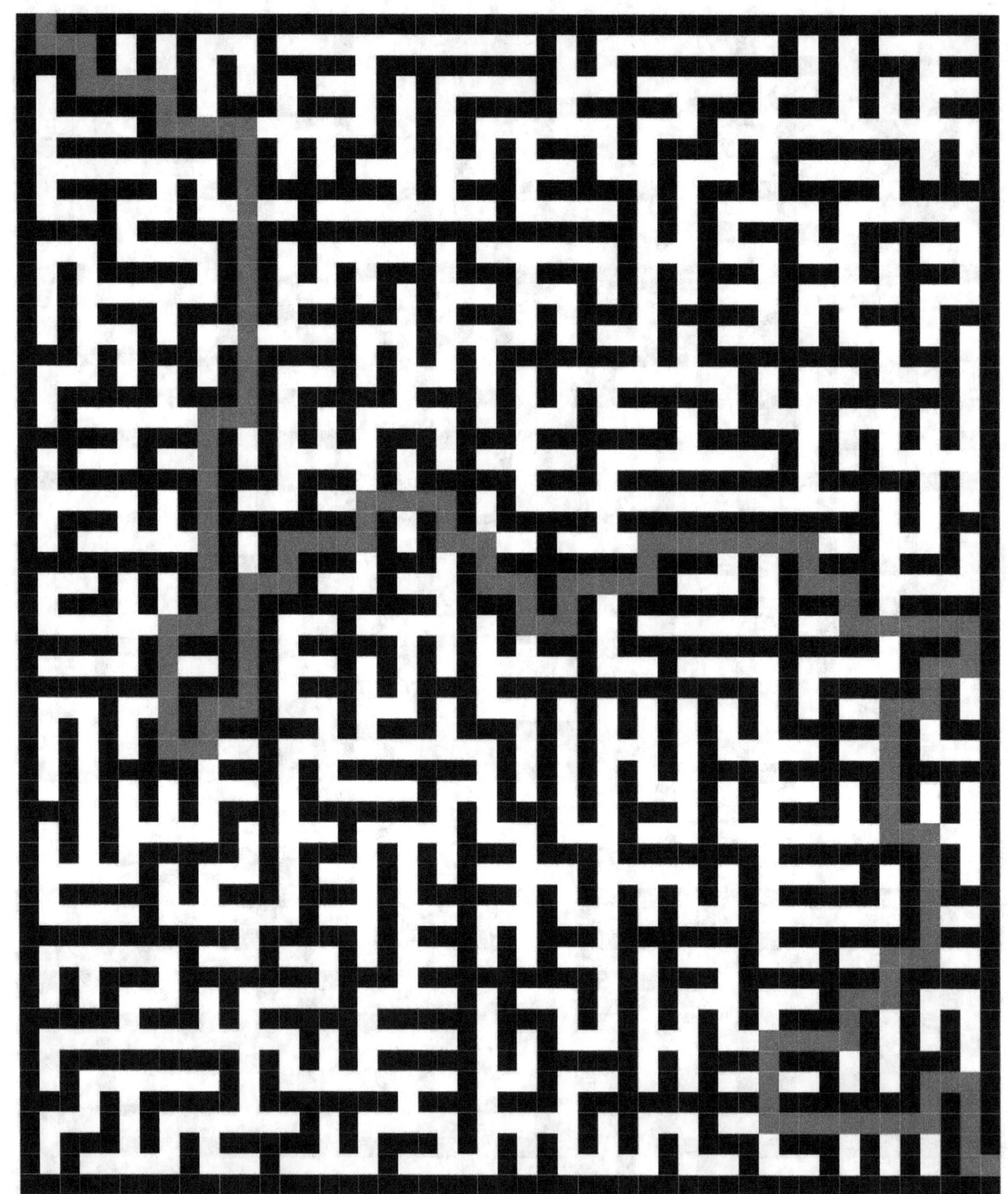

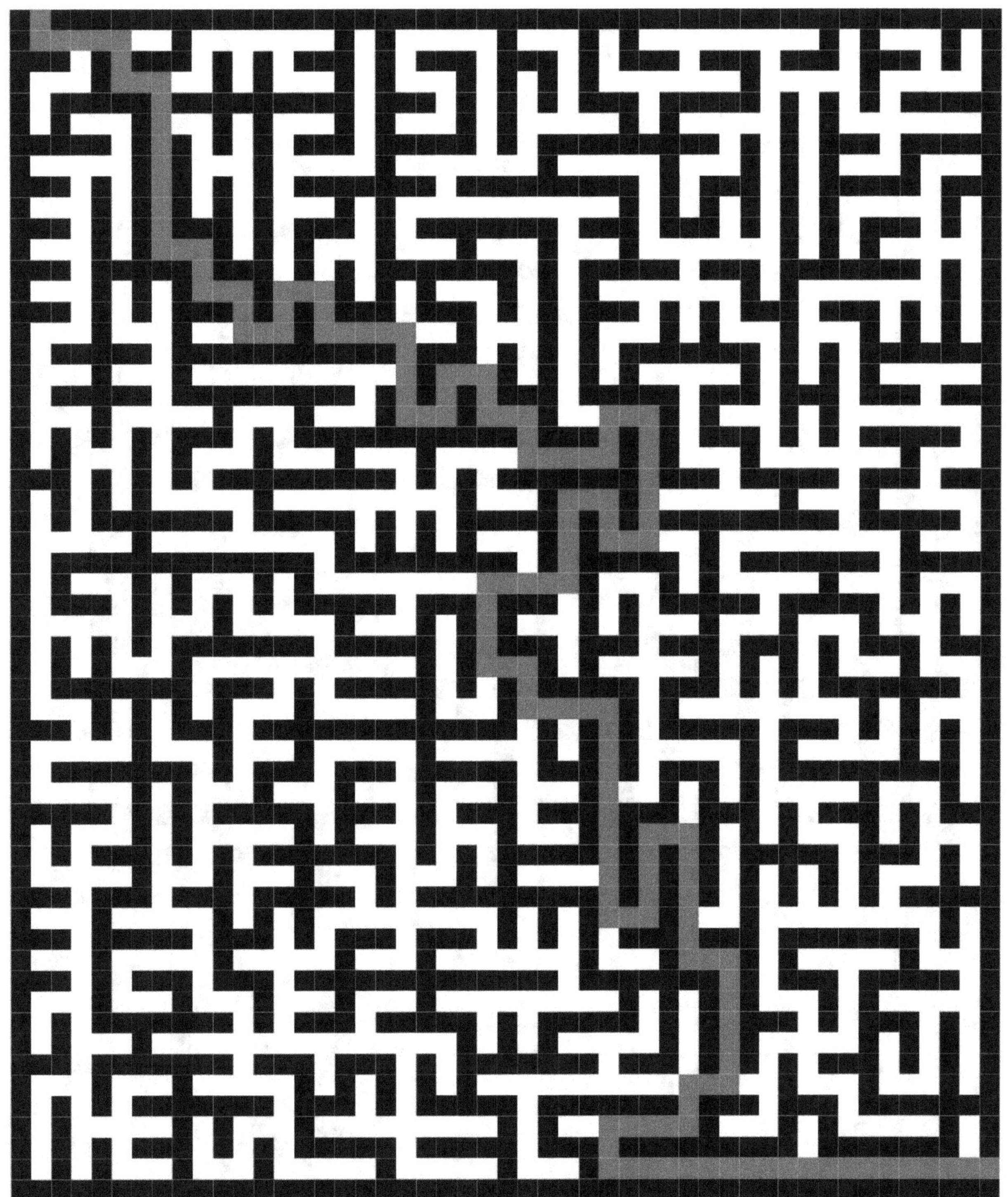

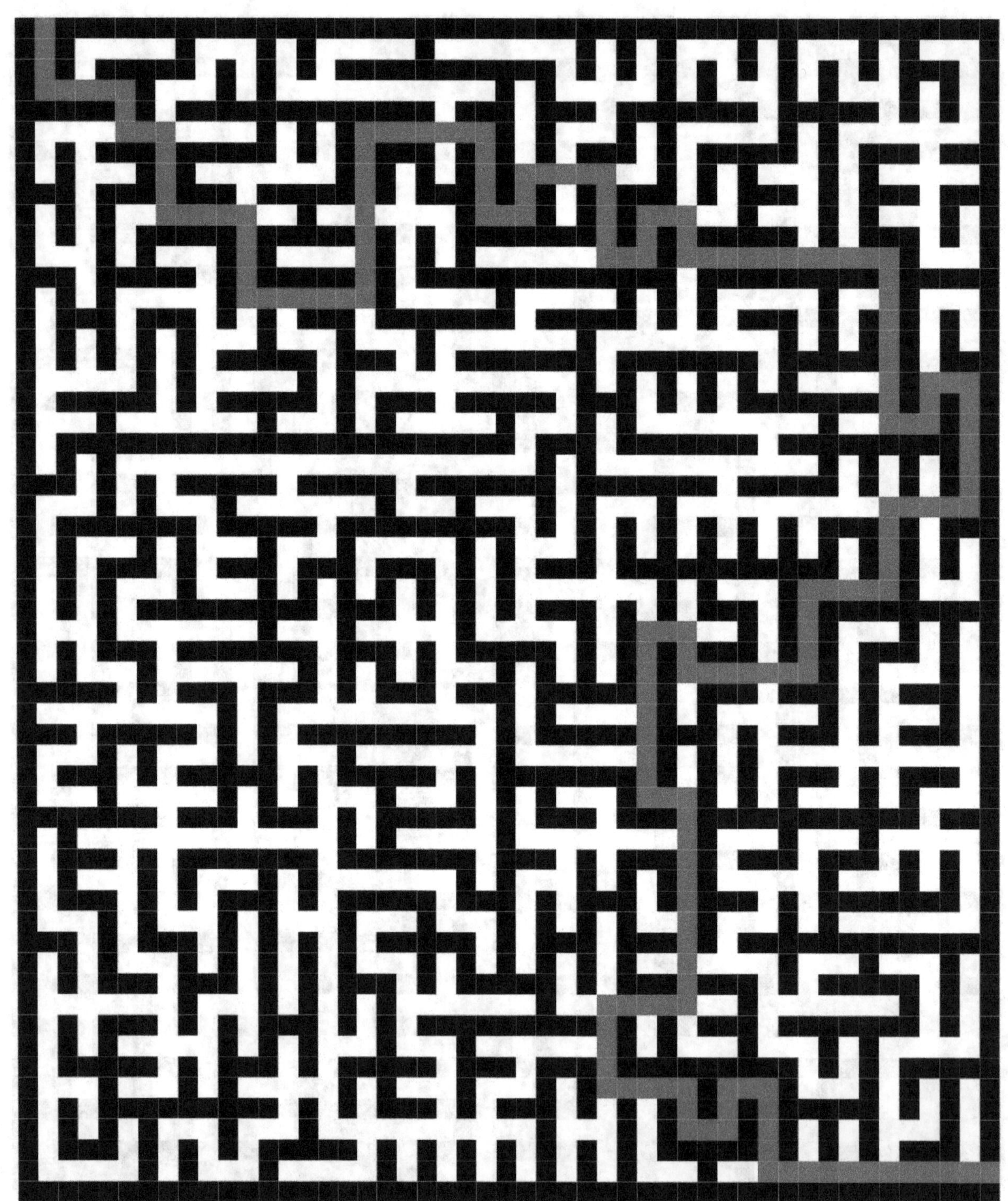

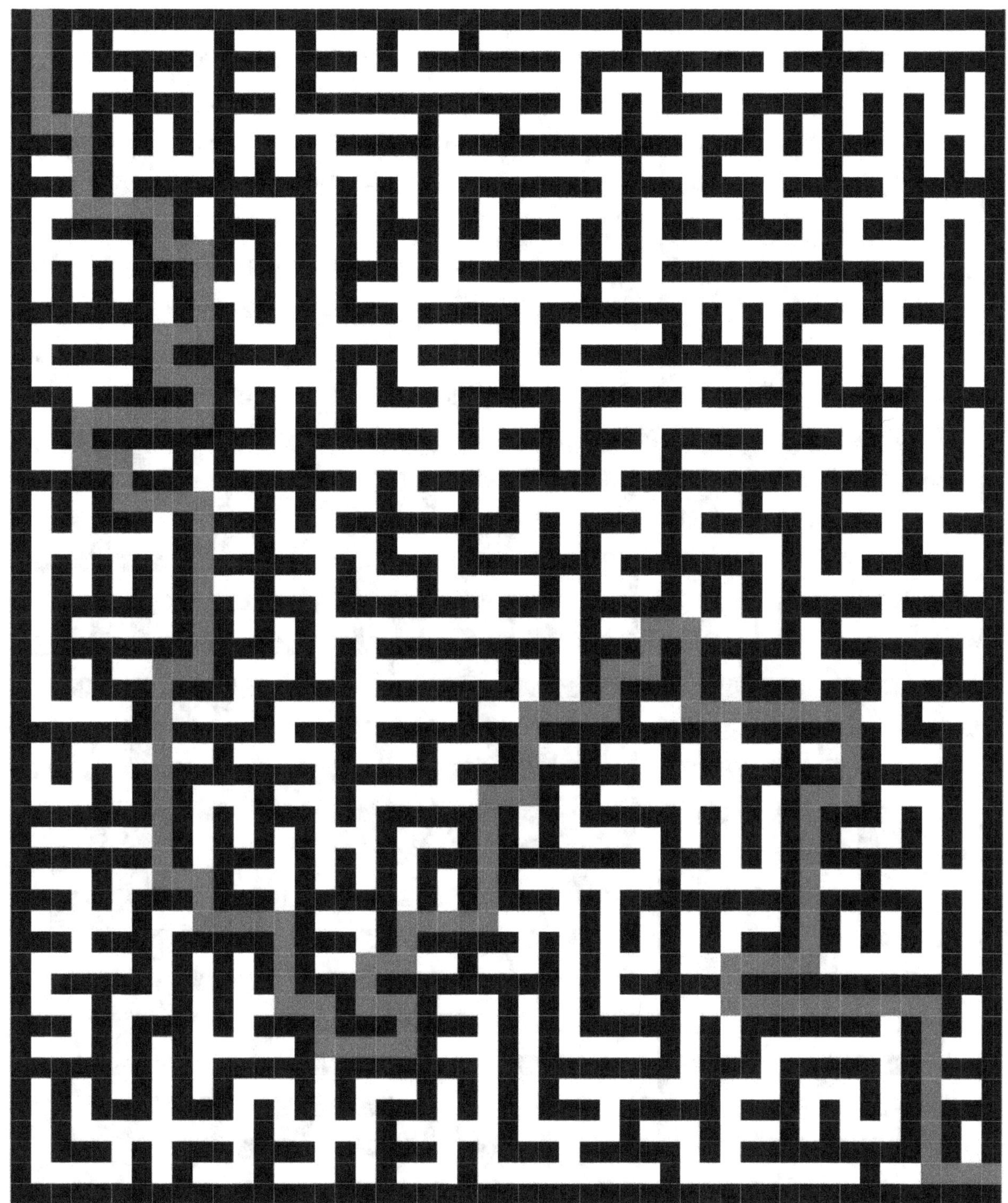

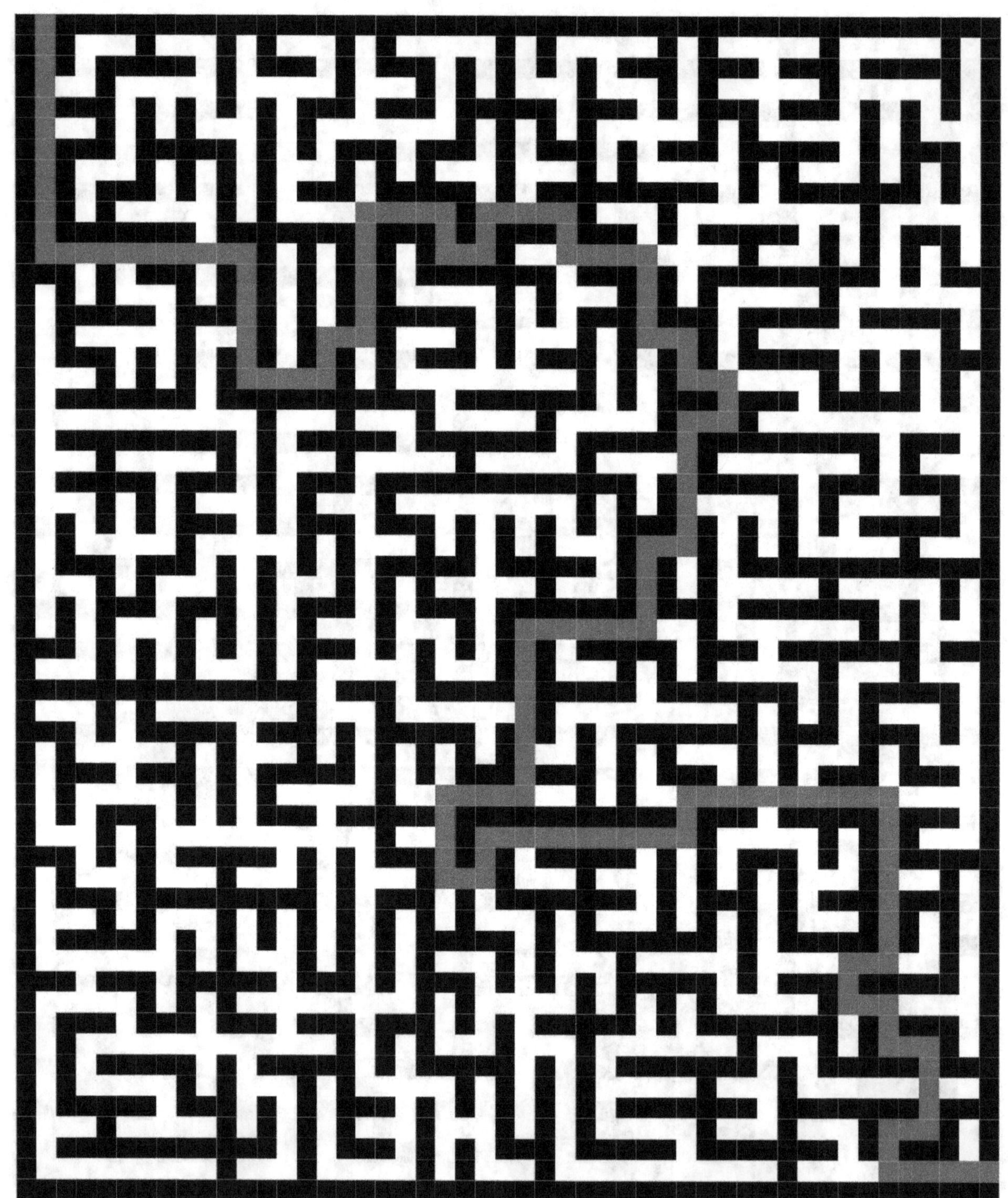

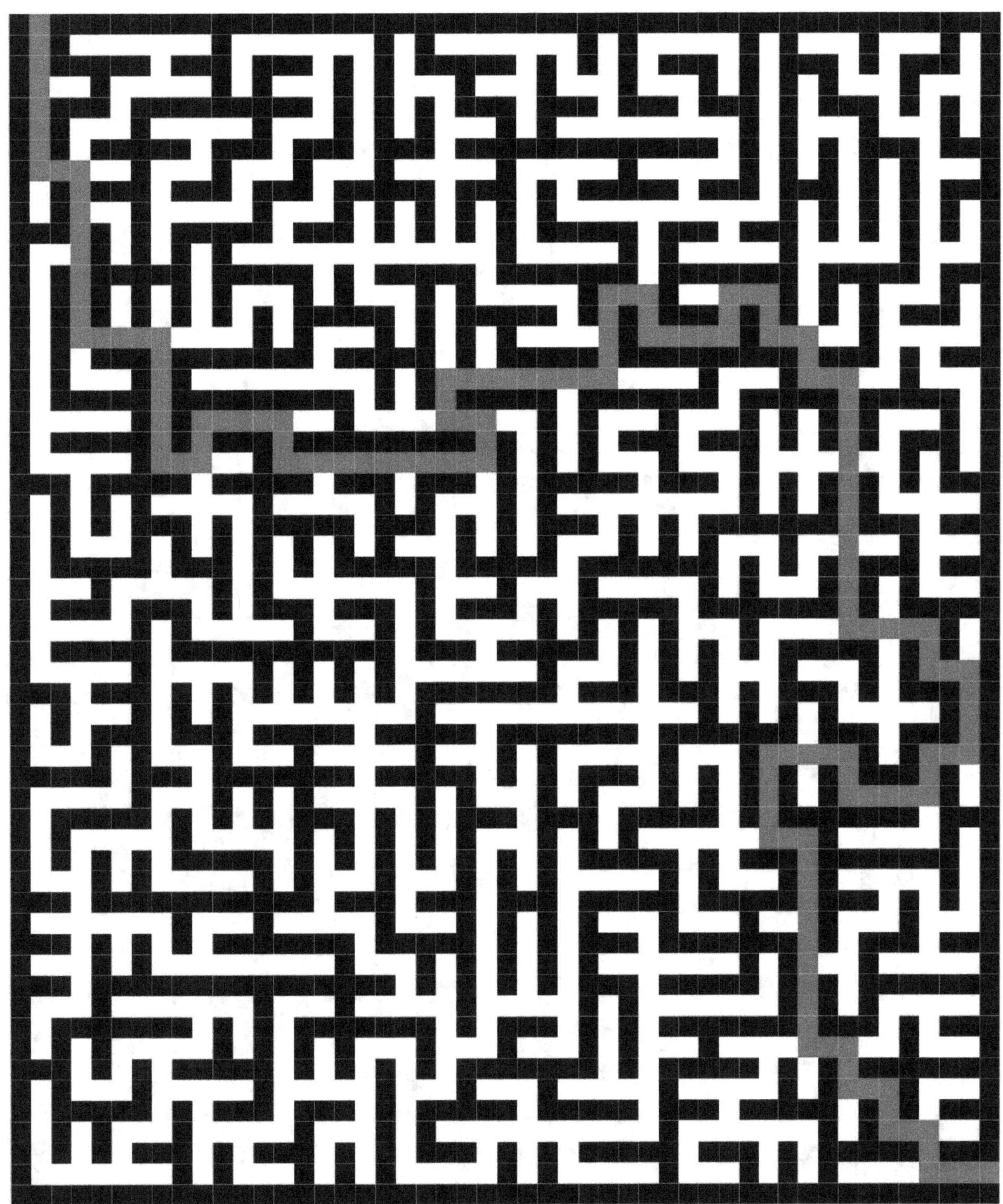

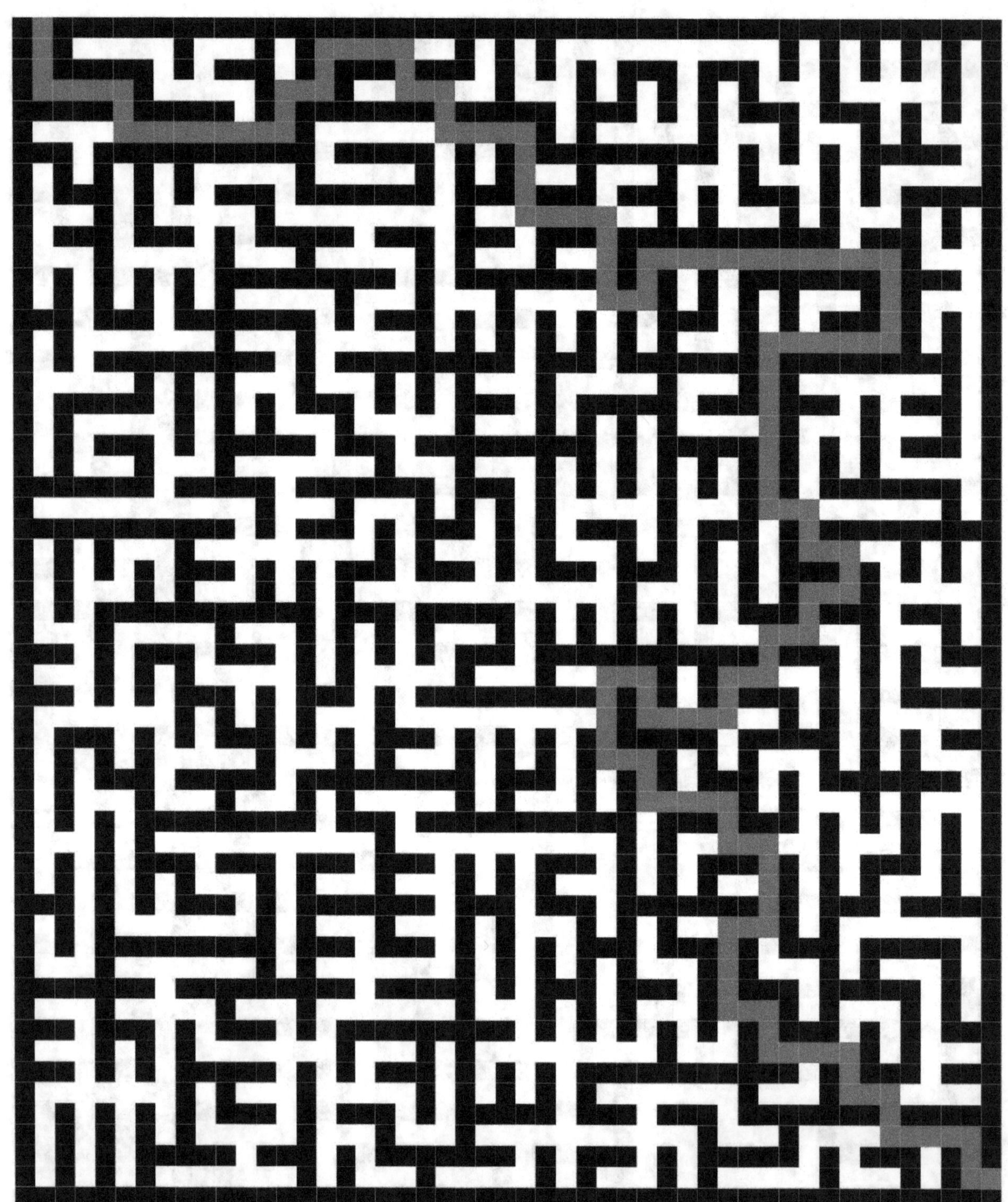

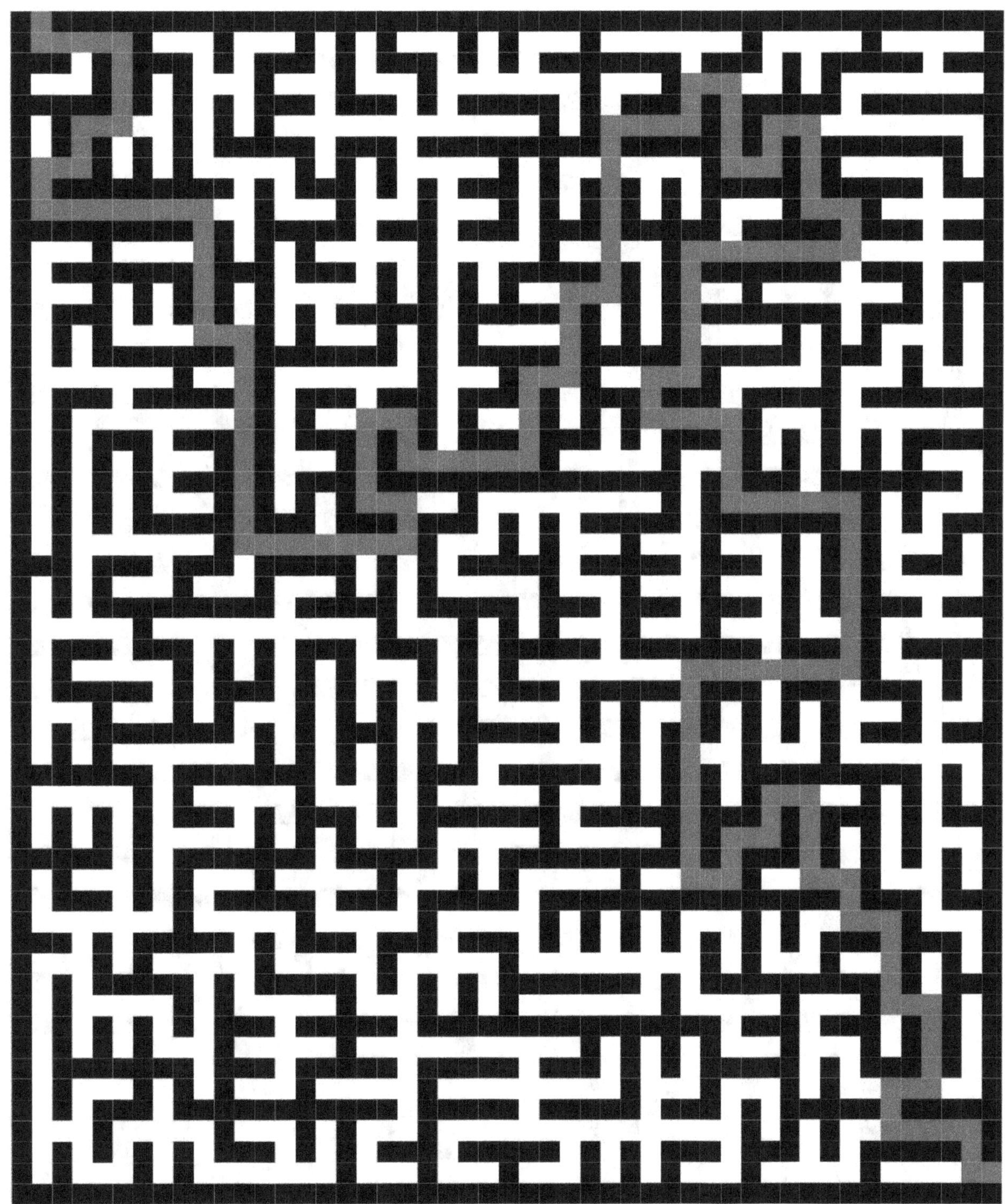

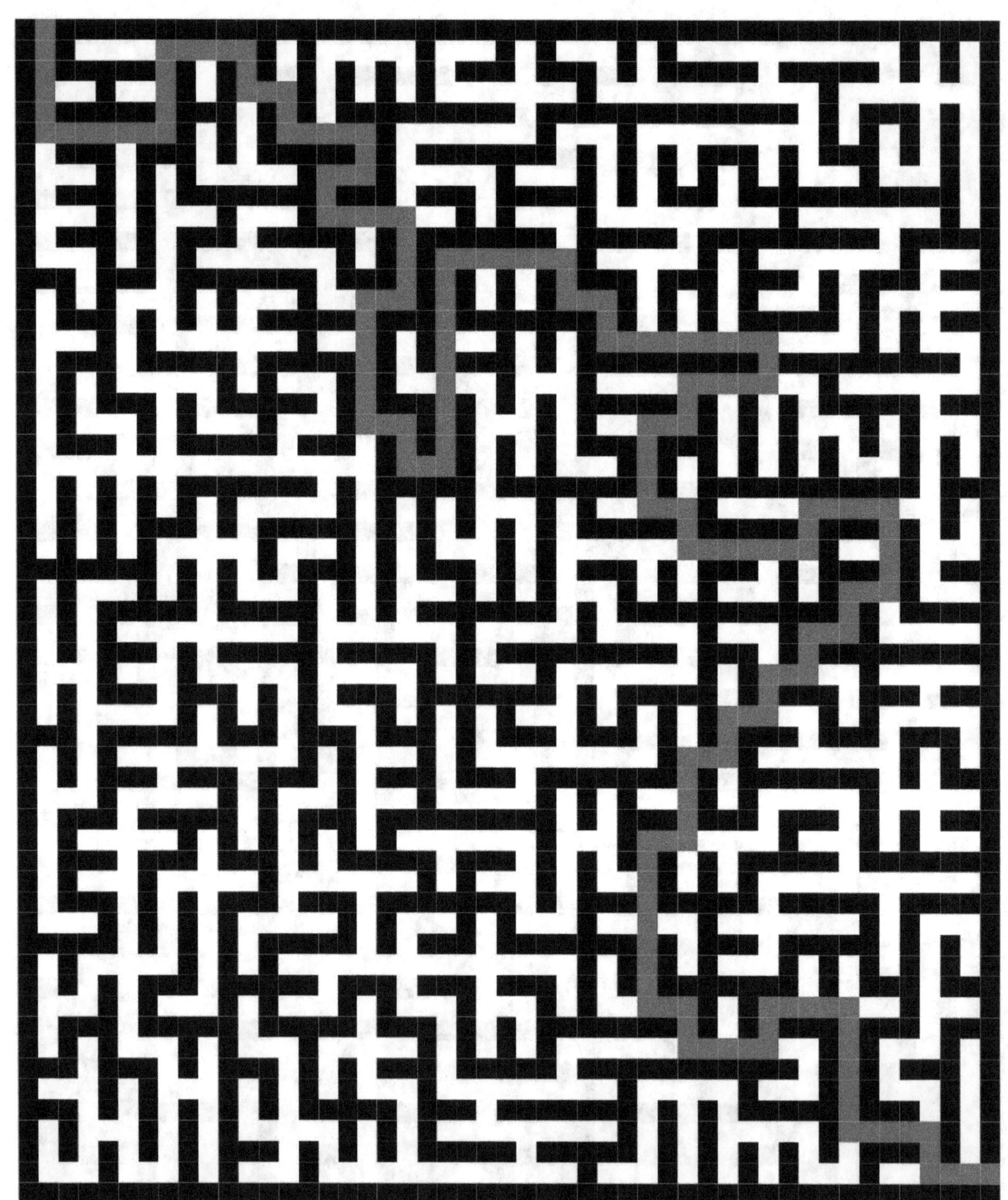